KB263899

철학자가 들려주는 철학 이야기 031~040권

아비투어 철학 논술 4

●

고급편

철학자가 들려주는 철학 이야기

아비투어 철학 논술-고급 4

ⓒ 유성선, 박은홍, 최지윤, 이정배, 소병일, 김광식, 2011

초판 1쇄 인쇄일 | 2011년 6월 20일
초판 1쇄 발행일 | 2011년 6월 30일

지은이 | 유성선, 박은홍, 최지윤, 이정배, 소병일, 김광식
펴낸이 | 강병철
펴낸곳 | (주)자음과모음

주　　간 | 정은영
제　　작 | 장성준, 김우진
마 케 팅 | 박제연, 정지운
영　　업 | 조광진, 안재임, 강승덕

출판등록 | 2001년 5월 8일 제20-222호
주　　소 | 121-753 서울시 마포구 동교동 165-1 미래프라자빌딩 7층
전　　화 | 편집부 (02)324-2347, 총무부 (02)325-6047
팩　　스 | 편집부 (02)324-2348, 총무부 (02)2648-1311
e-mail | jmseries@jamobook.com
Home page | www.jamo21.net

ISBN 978-89-544-2691-6 (04100)
ISBN 978-89-544-2687-9 (set)

• 잘못된 책은 교환해 드립니다.

아비투어 철학 논술

고급편

4

㈜자음과모음

철학자가 들려주는 철학이야기 031

모택동이 들려주는 건국 이야기

저자_ 유성선
현재 강원대학교 철학과 교수로 재직 중이다.

모택동 사상

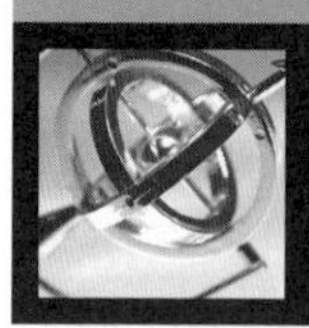

모택동 사상

1 모순론

모택동은 마르크스주의에서 사용된 '모순'이라는 용어를 마르크시즘의 가장 중요한 용어로 수용하면서, 당시 중국의 특수한 상황에 결부시켰다.

모택동에 따르면 마르크스 · 레닌주의의 변증법적 유물론에서 가장 기본이 되는 것은 '모순의 운동법칙'이라고 말한다. 자연과 사회 그리고 인간의 사유도 모두 마찬가지이며, 나아가 모든 사물에는 그 사물에만 고유한 모순의 특수성이 존재한다고 보았다. 이 특수한 모순이 하나의 사물을 여타 사물과 구분되게 되는 특수한 본질로 만든다. 그러므로 모든 사물에는 모순의 보편성과 특수성을 포함하고 있다. 다시 말해 보편성은 특수성 속에 존재하고 있기 때문에 양자는 서로 연결되어 있다.

마르크스 · 레닌주의의 원리, 원칙만 지나치게 강조한 나머지 교조주의에 빠진 '교조주의자'들은 보편성만 앞세운다고 보았다. 또한 투쟁 경험만을 강조해 지나치게 투쟁만을 고집하는 '경험주의자'들도 잘못이라고 비판했다.

따라서 모든 사물에 내재하는 모순의 해결 방식 또한 다를 수밖에 없으며 그러한 봉건사회, 자본주의사회, 식민지사회, 사회주의사회에 내재하는 모순의 해결 방식은 그 사회의 특수성에 기초하여 달라져야 한다. 그가 밝힌 중국 사회에의 특수한 주요 모순은 제국주의와 중국 인민 간의 모순이다. 특히 일본 제국주의와의 모순이다. 따라서 중국 인민 간의 계급 모순들은 일시적으로 부차적인 지위에 떨어져 국내의 각 계급은 단결해서 민족해방전쟁을 행할 수 있는 이론적 기초를 갖게 된다.

이것은 계급투쟁을 인류 역사의 본질로 간주하는 마르크시즘과 정면으로 배치되는 것이다. 마르크스는 '공산당선언'에서 "프롤레타리아계급에는 애국심의 대상이 되는 조국이란 있을 수 없다"고 했다. 그러나 모든 그의 논리가 마르크시즘의 정통 논리와 완전히 부합되며 마르크시즘의 중국화에 성공하였다고 장담하였다. 그리하여 그가 모순론에서 펼친 마르크시즘의 수용과 수정의 논리는 국민당과의 투쟁을 일단 보류하고 그와 합작하여 일본에 저항해야 한다는 정책을 합리화하는 데 일조하였다. 장시성〔江西省〕에서 사이비 공산주의자로 몰렸을 때와는 반대로 이번에는 그의 당내 반대파들을 교조주의자로 몰아 제거하는 데 성공했던 것이다.

❷ 신민주주의론

중국 민족 민주주의 혁명 이론의 중심 개념이다. 1940년 모택동(毛澤東, 마오쩌둥)이 중국 공산당 혁명 이론을 총괄, 발전시키기 위해 《신민주주의론(新民主主義論)》을 저술하였다. 《신민주주의론》에 의하면 중국 혁명은 중국을 독립된 민주주의 사회로 만드는 제1단계와 사회주의를 목표로 하는 제2단계로 나누어진다. 제1단계 혁명은 사회주의 혁명은 아니지만 유럽 근대의 부르주아 민주주의 혁명과도 다른 새로운 형태의 민주주의 혁명, 즉 신민주주의 혁명이다. 신민주주의가 목표로 하는 것은 부르주아 독재나 프롤레타리아 독재가 아니라 몇 개의 혁명적 계급에 의한 연합 독재 공화국이다.

혁명적 계급이란 중국의 경우 노동자·농민·지식인과 그 밖의 소부르주아지, 양면성을 가지는 부르주아지 안의 혁명적 일부이다. 부르주아지는 타협성이 있어 이 혁명을 지도할 수 없으며, 그 임무는 프롤레타리아트에게 달려 있다. 경제적으로는 대기업의 국유화를 꾀하지만, 자본주의·소생산의 존재도 인정한다. 농촌에서는 철저한 토지혁명으로 자작 농민을 창출하고, 한편으로는 협동조합 경영을 목표로 한다.

문화면에서는 민족적·과학적·대중적인 것이 특징이다. 손문(孫文, 쑨원)의 삼민주의와 비교하면 토지혁명이나 8시간 노동제 등 혁명의 철저성에 관한 점, 제2단계의 유무에 관한 점에서 다르나 기본적인 점에서는 연소(連蘇, 소련과의 연대), 연공(連共, 공산주의와의 연대), 노농 원조(노동자·농민 계급 원조)의 3대 정책을 수반하는 신삼민주의와 공통된다. 중국 혁명에서 신민주주의의 길을 가능하게 한 것은, 첫째 러시아혁명의 성공, 즉 사회주의 체제의 탄생과 자본주의 체제의 몰락이라는 국제 정세이다. 둘째로 국내에서 프롤레타리아트가 독립된 정치 세력으로 등장한 것이다. 식민지·반식민지의 피압박 민족이 사회주의 체제와 결합하면 프롤레타리아트의 지도 아래 자본주의를 거치지 않고 사회주의에 도달할 수 있다는 이론은, 1920년 코민테른 제2차 대회에 즈음하여 V. I. 레닌이 〈민족·식민지 문제에 관한 테제 원안(原案)〉에서 제기했다. 신민주주의론은 동유럽의 인민 민주주의론과 함께 그 연장 선상에 있으며, 레닌의 이론을 중국의 실정에 맞추어 창조적으로 발전시킨 것이다.

3 실사구시론

'실사구시(實事求是)'란 어떠한 사실에 토대를 두어 진리를 탐구하는 일로 공리공론을 떠나서 정확한 고증을 바탕으로 하는 과학적·객관적 학문 태도를 이른 것으로, 중국 청나라 고증학의 학문 태도에서 볼 수 있다. 이는 조선 시대 실학파의 학문에 큰 영향을 주었다. 그러나 실사구시 학풍은 중국의 춘추전국시대 때 공자가 '실사구시' 학풍을 견지한 이래, 이 '실사구시' 학풍으로 학문에 정진한 사람들 또한 적지 않다. 중국에서 최초의 '실사구시' 개념은 《한서》라는 책에서 나타난다.

《한서(漢書)》의 〈하간허왕전(河間獻王傳)〉에는 '하간헌왕인 덕은…… 학문을 닦고 옛것을 좋아했으며, 실제적인 일에서 타당함을 찾았다'고 기록되어 있다. 이러한 전통적 학풍의 계승을 주장하고 강조한 모택동은 이러한 '실사구시'적인 태도를 서양으로부터 수입된 철학 사상에 중국의 구체적인 실정에 맞도록 결합시켜 새로운 중국 철학을 형성했다.

4 대동사상

중국의 고서 《예기(禮記)》 〈예운편(禮運篇)〉에서 시작하여 현재까지 '이상 사회'를 표현하는 말로 쓰인다. 〈예운편〉에서는 가족, 종족에는 사가 없으며 쟁탈이 없고, 치안을 위한 예의 규제가 필요하지 않는 소박한 원초(原初)의 공 상태를 의미한다. 실은 각자가 성군의 예를 좇아 서로 안정된 무사 평온의 세계를 과거 속에서 관념화해 버리고, 역으로 예(禮)의 세계를 차선으로 소강(小康)의 세계라고 한다.

대동사상은 중국 근현대의 사상 흐름을 읽는 데 있어 무시하거나 소홀히 할 수가 없는 부분이다. 가령 5·4 시기 민족주의의 강력한 창궐 속에서도 '세계주의'를 주창하는 움직임 또한 만만치 않았다. 1895년에서 5·4 시기에 이르기까지 민족국가의 건립은 당시 사회사상의 핵심이었다. 그러나 그것이 당시 중국 지식인들 전반을 대표하는 유일한 사상은 아니다. 또 다른 중요한 사상이 바로 대동사상을 대표하는 각종 유토피아 사상의 대두이다. 강유위(康有爲, 캉유웨이)의 '대동세계'는 이러한 유토피아 사상의 대표적인 형태이지만, 이후의 담사동, 장태염, 유사배, 손중산 등으로 이어지는 유토피아적 사고의 발달은 중국 근대사상의 흐름에서 결코 무시할 수 없는 중요한 사상적 흐름으로 존재한다.

대동사상은 지배자 측에서는 유토피아상으로 애용했지만, 농민 반란운동 측에서는 사적 소유 또는 사적 소유의 불평등에 대한 직접적인 부정을 가리키는 말로 사용하였다. 모택동은 후자의 경우로 중국인들의 대동사상에 자신의 마르크스주의적 사상을 접목해 사용한다. 유토피아 사상이 미래를 전제로 하는 반면, 중국 대동사상은 과거를 회고하는 성격을 지닌다는 점에서 구별된다.

모택동의 대약진운동, '단절 없는 혁명'은 인류의 이상 사회를 꿈꾸는 유토피아의 정태적 모습을 동태적으로 바꿨다.

01강 모순론

최근 외신 보도에 따르면 중국의 중·고교에서 사용되는 새 역사 교과서에 마르크스주의와 모택동에 관한 내용 대신 빌 게이츠와 JP모건, 일본의 신칸센, 산업혁명과 정보혁명 등과 같은 내용이 들어갔다고 한다. 비록 상하이와 칭다오의 일부 학교에 채택된 교과서이긴 하지만 그동안의 중국의 사회주의 현실을 생각하면 그야말로 '혁명적 변화' 라고 하지 않을 수 없다.

생각 쓰기

1 민족화된 마르크스주의

모택동은 마르크스주의를 체계적으로 중국화하고 유럽의 형식에서 중국의 형식으로 변모시켰다. 즉 마르크스주의의 입장과 방법으로 현대 중국의 갖가지 문제를 해결한 것이다. 이는 마르크스주의에서 주요 대상으로 여겼던 노동자를 중국의 현실에 맞게 농민을 주요 대상으로 삼았으며, 마르크스주의에서 반대의 대상인 자본주의를 중국 내의 제국주의의 압박과 중세기의 잔재로 그 대상을 바꾼 것이다. 이를 위해 그는 중국의 구체적인 경제·정치 환경과 조건에 의지하여 민중들이 이해하기 쉬운 언어 형식으로 이를 표현하였으며 새로운 혁명을 승리로 이끌어 낼 수 있었던 것이다.

2 변증법

모순·대립·종합을 정·반·합의 논리로 밝히는 연구 방법이다.

3 교조주의

무비판적인 독단론이나 독단주의이다. 어떤 교리나 이론들을 과학적·비판적 검토 없이 무조건 신봉하는 주의이다.

4 삼민주의

중국 민주혁명 초기 지도자 손문이 주창한 정치 지도 원리로 민족·민권·민생주의의 사상을 말한다. 민족주의는 외국과의 불평등조약 등에 대항하는 것, 민권주의는 주권이 인민과 정부에서 균등하게 나타나고, 민생주의는 인민의 생활 안정을 목표로 하는 대동 세계의 실현을 나타낸다.

5 중일전쟁

중국에서 중국과 일본군 사이에 벌어진 전쟁이며, 태평양 전쟁으로 발전하여 일본이 연합국에 항복함으로써 끝을 맺었다.

6 국공내전

중국에서 중국 국민당 군대와 중국 공산당 군대 사이에 벌어진 국내 전쟁으로 제1차 국내 혁명전쟁 시기, 제2차 혁명전쟁 시기, 그리고 제3차 국내 혁명전쟁 시기로 3번에 걸친다.

7 유토피아 사상

성취되기 불가능한 소원·소망이나 실현 불가능한 꿈을 말한다. 유토피아라는 용어는 공상적이란 말과 같은 뜻으로 사용된다.

8 대약진 운동

도시, 공업, 사회제도, 당의 노선까지 영향을 준 중국에서의 사회주의 건설에 관한 대대적인 건설 운동을 말한다.

02강 모택동의 지도력

case 1 다음 제시문 **가**를 읽고, 제시문 **나**와 **다**의 각각의 문제의식을 분석하고, **나**와 **다**를 토대로 모택동의 지도력에 대한 자신의 견해를 서술하시오.

가 "장개석 총통은 겉으로는 민주주의를 한다고 했지만, 실제적으로는 모든 국민들을 평등하게 대하지 않았단다. 장개석 총통은 그를 지지하는 일부 계층들에게만 많은 혜택을 줬을 뿐, 일반 서민들에게는 그렇게 해 주지 않았지. 다시 말하면 장개석 총통은 사회적인 지위를 가진 사람이나 돈과 땅을 가진 몇몇 사람들에게만 많은 혜택이 돌아가도록 하는 정책을 펼쳤던 거야. 힘과 권력이 없어서 어려움을 당하고 있던 많은 국민들의 고통은 돌보지 않았어. 장개석 총통 일파는 권력의 부패를 증가시키기만 했을 뿐, 많은 국민들의 삶을 행복으로 이끌지 못한 편이었어."

(……)

"우리나라 상황으로 비유하자면 장개석 총통이 중시하는 국민은 주로 중산층 이상에 해당하는, 경제적으로 여유가 있는 사람들을 말하는 것이고, 모택동 주석이 말하는 국민은 주로 중산층 이하에 해당하는, 경제적으로 어려운 서민들을 말하는 것이지. 유리도 이미 알겠지만, 장개석 총통이나 모택동 주석이 국민을 중시한다고 말하지만, 각자가 중시하는 국민의 실체가 이처럼 다르기 때문에 정책에서도 많은 차이를 보인 거란다."

　(······)

　"그 당시 모택동과 동료들은 국민들 각자의 마음속에 간직되어 있는 고유한 생각의 차이를 존중하였지. 아울러 각자의 생각이 독선적인 방향으로 흐르지 않도록 유도하면서, 자유와 평등이 보장되는 건강한 공동체 국가를 건설하기 위해 노력했단다. 그러한 모택동의 생각은 중국인들이 수천 년 동안 이상으로 여겼던 '대동사상'을 현대의 민주주의 사상과 잘 조화시킨 것이라고 할 수 있단다. 즉 이것은 모택동이 자신들의 뿌리가 되는 전통 사상을 함부로 버리지 않고, 생산적으로 계승하여 현대에 맞게 활용하는 지혜를 발휘한 것이라고 할 수 있지."

– 《모택동이 들려주는 건국 이야기》 중에서

ㄹ　톨스토이는 《전쟁과 평화》에서 '나폴레옹은 왜 수백만 사람들의 인간적인 감정과 상식을 거부하고 동료들을 살육했는가?' 하고 자문하고는 이렇게 대답했다.

　"그 전쟁은 단지 일어날 수밖에 없었기 때문에 일어났다."

　즉 이전의 모든 역사가 그 전쟁을 미리 결정하였다는 것이다.

　또한 톨스토이는 지도자들에 대하여 이렇게 말했다.

　"그들은 어떤 하나의 목표에 이름을 부여해 주는 역할을 하는 꼬리표 같은 존재일 뿐이다. 그래서 그들은 그 꼬리표의 속성 그대로 그 사건과 조금도 연관되어 있지 않다. 따라서 지도자가 위대하면 할수록 그가 행한 모든 행위의 불가피성과 예정성은 더욱 확실해진다."

다 역사를 거슬러 올라가 보면 인류는 위대하든 보잘것 없든 창안자들의 독창력과 다른 사람의 발상을 모방하지 않고는 아무것도 이룰 수가 없음을 알게 된다. 바로 이 점이 인간에게 있어서 유일한 진보의 요소이다. 결국 인류 진보의 역사는 지적인 면에 한정되지 않는 천재성을 지닌 개인이 길을 제시하고 모범을 보이면 다른 사람들은 그 길을 선택하여 따라 왔다는 사실의 반증이라고 할 수 있다.

장개석은 누구인가?

중국의 정치·군사 지도자이다. 1887년에 현재 중화인민공화국 저장성〔浙江省〕 평화현〔奉化県〕에서 소금 상인 장지총(蔣肇聰)과 왕채옥(王采玉)의 아들로 태어났다. 성인이 된 후에는 일본 육군사관학교에 유학하였고 그 후 신해혁명에 관여한 일로 손문의 신임을 얻게 되고 중화민국의 주석 자리까지 오르게 된다. 중국 공산당과는 오랜 기간 적대 관계에 있었으나 중일전쟁 당시 모택동과 일시적으로 협력하여 미국과 소련의 도움으로 중일전쟁을 승리로 이끌었다. 그러나 1945년부터는 다시 중국 공산당 사이에 국공 내전이 발발하여 1949년에는 종국적으로 패배하여 타이완으로 도피하게 된다. 그 후 1950년에 총통으로 취임하고 1975년에 사망하였다. 한편, 프랑스에서 독립하기를 갈망했던 북베트남 정부를 위협했다.

1943년 11월 22일 카이로에서 미국의 프랭클린 루스벨트, 영국의 윈스턴 처칠과 함께 3국 수뇌 회담을 가졌다. 장개석은 1945년 김구의 귀국 시 미화 20만 달러의 거금을 주었으나, 김구는 미군정의 방해로 이 돈을 국내에 들여오지 못했다.

장개석에 대한 역사적 평가에 관하여는 중화민국의 지도자로서 칭송받는 면과 백색공포를 일으킨 독재자로서 비난되는 양면이 존재한다.

03_강 인식과 실천의 관계

"인식은 실천으로부터 시작하고, 실천을 통하여 이론적인 인식에 도달하며, 다시 실천으로 돌아간다."

"인간의 인식은 감성적인 추이로부터 이성에 도달하고, 대체로 객관 과정의 법칙적인 사상·이론·계획·방안이 상응하여 조성된 이후에 다시 이러한 사상·이론·계획·방안이 동일한 객관 과정의 실천에 적용한다. 만일 예상 목적을 실현할 수 있다면 예정된 사상·이론·계획·방안이 동일한 과정의 실천 속에서 바로 사실로 변하거나, 혹은 대체로 사실로 변할 것이다."

– 《모택동이 들려주는 건국 이야기》 중에서

생각 쓰기

인식의 단계

① 인식의 감성적 단계

감각과 인상의 단계인 인식의 제1단계로 각 사물의 현상과 각 사물의 일면적
인 부분 및 각 사물들 사이의 외적 연관만 보는 단계이다. 이 단계에서는 아
직 심화된 개념들을 형성하거나 논리적인 결론을 이끌어 낼 수 없다.

② 인식의 이성적 단계

개념—판단—추리의 단계로 나아가는 인식의 제2단계이다.

개념의 형성은 실천 과정 속에서 감각과 인상들을 일으키는 일이 여러 번 반
복되면, 인식 과정상 인간의 두뇌에 갑작스런 변화(비약)가 일어나 개념이 형
성된다.

개념은 사물의 일면이나 외적 관계를 반영한 것이 아니라 사물의 본질, 사물
의 전체성과 내적 관계를 파악한 것이다. 개념과 감각은 양적 차이뿐만 아니
라 질적 차이도 있다. 이 바탕 위에 판단과 추리라는 방법을 반복적으로 사용
하여 논리적 결론을 이끌어 낸다. 이 단계에서는 사물의 전체성, 본질, 내적
관계에 도달하여 주변 세계의 내적 모순을 드러내 준다.

04_강 실사구시

택준은 친구들과 함께 모순 마을에서처럼 마을 사람들에게 지주를 몰아내고 권리를 찾으라고 말했습니다. 땀 흘려 열심히 일하는 사람이 살기 좋은 세상을 만들어야 한다고 주장했습니다. 하지만 마을 사람들은 택준과 친구들의 말을 들으려고 하지 않았습니다. 마을 사람들은 지금껏 잘 살아왔고, 앞으로 자식들이 살아가야 할 마을인데 소란을 피우고 싶지 않다고 말했습니다.

"이곳 사람들도 우리 마을 사람들처럼 바보 같아. 아무리 가르쳐도 소용없어. 정말 분통이 터지네."

택준과 친구들은 문제가 있는데도 고치려고 하지 않는 마을 사람들을 보며 화가 났습니다. 게다가 마을 사람들은 처음과는 달리, 택준 등이 어서 마을을 떠나 주기를 바랐습니다. 택준과 친구들은 바보 같은 사람들이라고 욕하며 마을을 떠났습니다. 하지만 이런 일은 계속 일어났습니다. 한 마을, 두 마을, 세 마을…… 마을을 계속 지나오면서 보니, 모순 마을과 비슷한 일들이 꼭 있었습니다. 택준과 친구들이 문제를 알려

주고 해결하는 방법을 가르쳐 주려고 노력하였습니다. 그러나 한결같이 택준 등이 내미는 방법을 싫어했으며 마을에서 나가 주기를 바랐습니다.

택준은 처음에 마을 사람들이 바보스럽고 못나서 자기들의 말을 듣지 않는 것으로 이해했습니다. 세상을 모르는 바보들이라고 생각했습니다.

그러나 택준의 생각은 조금씩 바뀌었습니다. 한두 마을도 아니고 가는 곳마다 자기들을 거부하는 것을 보면서 자기 생각이 잘못된 것은 아닌가 하고 고민했습니다.

택준은 친구들과 이 문제에 대해 토론했습니다.

"우리 생각은 분명 옳아. 성실하고 땀 흘려 살아가는 사람들이 제대로 대접받는 세상을 만들어야지. 마을 사람들도 그 말에는 찬성했고. 그런데 왜 우리가 가르치는 대로 하지 않는 걸까?"

친구들도 그 이유를 알 수 없었습니다. 택준이 다시 말을 꺼냈습니다.

"우리 행동이 잘못된 것은 아닐까?"

정렬이 대답했습니다.

"바보 같은 사람들이라 그런 거지. 그런 사람들은 언제까지 당하고 살아도 돼."

정렬의 말에 택준은 망치로 머리를 얻어맞은 것처럼 충격을 받았습니다.

"그래, 그거였군. 우리가 그 사람들을 바보 같다고 생각한 거야."

친구들은 택준이 무슨 말을 하는지 궁금했습니다.

"우리가 미처 모르고 지나친 게 있어. 우리는 사람들을 바보라며 가르쳐야 한다고 했어. 그들의 마음을 헤아리고 어루만지기보다 우리를 뽐내기 바빴던 거지. 우리 모순 마을에서도 그랬잖아. 우리 주장만 밀어붙였지 마을 사람들의 생각은 물어도 안

봤지. 우리도 장씨와 다를 바 없었던 거야. 우쭐대며 잘난 체한 거라고. 그래, 그래서 우리가 마을에서 쫓겨난 거야."

택준은 자기 잘못을 알았습니다. 친구들도 택준의 말에 고개를 숙였습니다.

"택준의 말이 맞아. 우리가 사람들을 업신여긴 거야. 우리가 잘못했군."

"앞으로 어떡하면 좋은가?"

다시 침묵이 흘렀습니다. 각자 사람들을 위하는 것이 무엇인지 고민했습니다. 시간이 흘러, 생각을 정리하고 택준이 먼저 입을 열었습니다.

"옳고 그른 기준을 우리 눈높이로 정하는 게 아니라 마을 사람들의 눈높이에 맞추는 거야."

"그게 무슨 소린가?"

"마을 사람들의 생각에 우리 생각을 맞추는 거라고 말해 두지. 그들의 이야기를 듣고 그들이 진정 원하는 게 무엇인지 알아보는 거야. 그런 뒤에 행동으로 옮기는 거지."

"마을 사람들의 마음에 귀 기울이라는 말인가?"

"그렇다네."

택준과 친구들은 토론에 토론을 거듭하여 결론을 냈습니다. 마을 사람들의 눈높이에 자신들의 생각을 맞추기로 했습니다. 택준과 친구들은 다시 용기를 냈습니다.

길을 걷고 또 걸어 어떤 마을에 다다랐습니다. 이 마을도 지금껏 들렀던 마을과 다를 바가 없었습니다. 마을 땅의 대부분은 두세 사람이 가지고 있었고, 마을 사람들은 그 땅에서 농사를 짓고 품삯을 받았습니다. 또한 땅을 가진 지주는 농사일을 호되게 부려 먹다가 품삯을 줄 때가 되면 품삯을 깎거나, 차일피일 미루었습니다.

마을 사람들은 택준 등을 반갑게 맞아 주었습니다. 택준은 마을 사람들에게 물었습니다.

"힘든 농사일을 하고도 품삯을 제대로 못 받으니 힘드시죠?"

택준의 따뜻한 말에 마을 사람들은 경계심을 풀고, 마음을 털어놨습니다.

"힘들지. 하지만 어쩌겠어. 우리야 땅이 없으니, 당연히 땅 가진 사람 맘대로 해도 할 말이 없지. 휴, 언제쯤 허리 펴고 살날이 오려나."

택준과 친구들은 그 말에 가슴이 찡했습니다. 어떻게든 이 사람들을 도와주어야겠다는 마음이 생겼습니다. 예전에는 가르쳐야겠다고 했던 생각이 이젠 도와주어야 한다는 마음으로 바뀌었습니다.

"언젠가 땀 흘려 일하는 사람이 잘사는 세상이 오겠지요. 그래야 하고요. 용기를 잃지 마세요."

자기 마음을 헤아릴 줄 아는 택준에게서 마을 사람들은 용기를 얻었습니다. 그러면서 그 방법을 먼저 물었습니다.

"우리가 잘살 수 있는 방법이 있기는 한가?"

"자식들한테만은 땅 한 뙈기라도 물려주고 싶네. 어떻게 하면 되겠나?"

도리어 택준과 친구들은 사람들의 반응에 놀랐습니다. 무엇이 사람들을 위하는 일인지 깨달았습니다. 이제껏 자기들이 저지른 실수를 반성했습니다.

마을 사람들을 위해 택준과 친구들은 심부름을 했습니다. 사람들을 불러 모으고, 방법을 알렸습니다. 마을 사람들 스스로의 힘으로 악덕 지주에게 빼앗겼던 권리를 찾도록 했습니다. 지주에게 땅을 나누어 받으며 사람들은 기뻐 눈물을 흘렸습니다. 택준과 친구들에게 몹시 고마워했습니다. 택준 등도 역시 기쁨의 눈물을 흘렸습니다.

　택준과 친구들은 다시 길을 떠났습니다. 수천 킬로미터나 되는 길을 걷고 또 걸었습니다. 여전히 그들에게는 쌀 한 톨, 옷 한 벌 제대로 가진 것이 없었습니다. 처음과 마찬가지로 빈털터리였습니다.

　그러나 달라진 점이 있었습니다. 사람들을 떠받들 줄 아는 마음, 진정으로 사람을 사랑하는 방법을 알게 된 것입니다. 택준과 친구들은 가는 곳마다 마을 사람들의 환영을 받았습니다. 자기들의 처지를 이해하고 도와주려는 사람들을 싫어할 리 없었습니다.

- 《모택동이 들려주는 건국 이야기》 중에서

생각 쓰기

----

case 1 다음 제시문은 오늘날 우리가 직면하고 있는 공통된 위기에 대하여 서술하고 있다. 현대사회에서 그 문제의 중요성이 지속적으로 커지는 이유가 무엇인지 제시문을 기초하여 서술하시오.

오늘날 우리 사회에서 '양극화'라는 용어는 '중산층의 몰락'을 의미합니다. 중산층의 몰락이 계층 간의 소득 불평등 정도를 심화시켰습니다. 정부는 '양극화'를 해소하기 위해 국민들의 호주머니를 털어서 재원을 더 마련하여 국민들의 복지 수준을 향상시키기 위하여 '사회적 일자리'를 창출하겠다고 합니다. 그럼에도 불구하고 문제점이 지적되고 있는 정부의 방만한 운영과 비효율적인 사업 관리 등에 대한 개선 방안은 찾아볼 수 없습니다.

생각 쓰기

주요 개념 및 배경 지식

1 유토피아

1516년 토머스 모어에 의해 라틴어로 쓰였다. 저자가 '히스로디' 라는 선원(船員)으로부터 이상의 나라 '유토피아' 의 제도와 풍속 등을 기록한 형식으로 이상 사회를 묘사한 작품이다. 이는 간접적으로는 당시의 유럽, 특히 영국 사회의 현상을 비판하였다. 이 공화국에서는 전 시민이 교대로 농경에 종사하는데 노동시간은 6시간, 여가는 교양 시간으로 돌리며 필요한 물품은 시장의 창고에서 자유로 꺼내 쓸 수 있다. 그 내용은 여러 가지이지만 르네상스 휴머니즘의 정신을 반영하고 있으며 종교적 관용, 평화주의, 남녀 교육의 평등 등을 주장하고 있다. 근대소설의 효시로 간주되며 사회사상적으로도 고전으로 여긴다.

저자가 죽은 뒤인 1551년 영역판이 간행되었으며, 제목 '유토피아' 는 본시 그리스어에서 유래한 것으로 '아무 데에도 없는 나라' 라는 뜻이었으나 이 작품을 계기로 '이상향(理想鄕)' 이라는 뜻을 가지게 되었다.

2 자유민주주의(입헌주의)

국민의 기본적 인권을 보장하기 위하여 통치 및 공동체의 모든 생활이 헌법에 따라서 영위되어야 한다는 정치 원리이다. 자유주의는 개인의 여러 가지 자유를 존중하고, 봉건적 공동체의 속박으로부터 벗어나려고 하는 사상 및 운동을 일컫는다. 또한 민주주의는 국가의 주권이 국민에게 있고 국민을 위하여 정치를 행하는 제도, 또는 그러한 정치를 지향하는 사상을 말한다.

　자유민주주의는 주로 공산주의와 대립되는 정치 이념으로서 나타난다. 전 세계적으로 대부분의 나라들이 자유민주주의 체제를 가지며, 우리나라 역시 자유민주주의 사회에 속한다. 대표적인 예로 북한의 사회주의(공산주의와 더 가깝지만)와 남한의 자유민주주의를 비교할 수 있다.

3 시장경제

　자유경쟁의 원칙에 의해 시장에서 가격이 형성되는 경제를 말한다. 모든 경제 주체의 생산 활동이 자유로우며, 시장에서의 물품 구입도 자유의지에 의해 이루어진다. 자유민주주의에서만 시장경제 체제가 가능하다고 생각할지 모르나, 2차 세계대전 이후로 사회주의 국가에서도 중앙 집권적 계획 경제에 부분적으로 적용하기 시작했다.

　시장경제란 다수의 생산자와 다수의 소비자가 경쟁하여 우수한 제품을 보다 저렴한 가격에 생산하고 공급해 분배, 소비하여야 하는데, 현실적으로 보면 삼성, 코카콜라, 마이크로소프트 같은 거대 기업들이 탄생하여 이러한 시장경제의 원리를 왜곡시키기도 한다.

아비투어 철학 논술

예시 답안

case 1 중국은 1945년 중화인민공화국 수립 이후 계속해서 사회주의 노선을 표방하고 있다. 그러나 현재 중국은 독보적인 사회주의 국가라고 볼 수 없다.

중국은 이미 자본주의의 거대한 물결 속에 빠져 있다고 할 수 있으므로 결국 어느 정도 자본주의로의 이행이 불가피해 보인다. 자본주의의 대표적인 현상으로서, 제시문에 열거된 사례 이외에, 현재 중국에서 불고 있는 한류 열풍을 들 수 있다. 한류 열풍은 단순한 자본주의의 외형적인 추종 현상을 넘어선다. 중국의 젊은 층 사이에서는 이미 급속도로 사회주의 사고에서 자본주의적 사고로의 인식 변화라고 하는 보다 근원적인 서구화 바람이 불고 있다.

사회주의와 자본주의는 근본적으로 재산의 사적소유를 허용하는가 사회적소유를 허용하는가 하는 소유형태에서 상호 수용할 수 없는 모순성을 갖고 있다. 하지만 현재 중국에서 나타나는 사회주의 속의 자본주의라고 하는 모순성 속에서도 모택동에 의해 이루어진 중국의 마르크스주의는 일반적인 마르크스주의와는 그 성격이 다른 민족화된 마르크스주의라는 점을 눈여겨볼 필요가 있다.

무엇보다도 중국인들은 모택동이 완수한 그들만의 민족적 사회주의에 커다란 자부심을 갖고 있으며, 그들만의 문화적 독자성에도 긍지를 지니고 있다.

따라서 앞에 설명한 중국에서의 자본주의적 경향의 확대라는 혁명적 변화 현상과 중국의 민족적 사회주의의 모순성은 더욱 명확해질 것이다. 다만, 모택동의 모순론에 기초하여 살펴보면 중국의 현상황의 모순성은 중국 발전의 원동력이라고 할 수 있다.

case 1 제시문 ⑭는 역사 결정론으로 역사가 지도자를 결정한다는 주장이다. 곧 모택동의 경우 그가 살았던 시대가 봉건적 전제주의 시대에서 자본주의 시대로의 이행기에 들어섰으며, 칼 마르크스의 사회주의가 힘을 얻어 가는 시기였다. 중국의 당시 상황도 혼란의 시기로 호북성(湖北省, 후베이성)의 무한 봉기로 청조가 멸하고, 각 성은 독립을 선언했다. 손문을 임시 대총통으로 선출해 임시정부를 조직한 제1혁명이 일어났으나, 이후 임시 총통을 맡은 원세개가 공화국의 헌법을 지키지 않고 혁명 세력과 의회를 탄압하려하자 이에 혁명 세력이 독립을 선언한 제2혁명이 일어났다. 그 후 손문이 국민당을 창당하여 정부를 세웠지만 이후 중국은 10여 년간 각 성별로 수많은 왕국으로 분할되었다. 당시 국민당 정부는 허약했고 군벌들은 청조 정부 이상으로 혹독하게 민중을 착취하고 탄압했던 시기였던 것이다.

그러나 모택동은 이러한 사회 상황과는 별개로 단순히 그 개인적 소양에 의해(책을 좋아해 중국과 세계의 역사서 등) 행해진 일이 당시 시대적·사회적 상황과 맞물려 그를 뛰어난 지도자로 만든 것이라는 주장을 펼 수 있다. 다시 말하면, 당시 시대적 상황이 혼란의 시기가 아니었다면 그의 지도력은 빛을 발휘하지 못했을 것이다.

제시문 ⑭는 특정한 개인에 의해 역사는 만들어지며 영위되었다는 주장이다. 위에서 언급한 바와 같은, 시대·사회적 상황에서 모택동은 깊이 있게 시대와 사회를 통찰하였으며 문제점을 지각하고 그 탁월한 해결 능력을 발휘하는 등의 뛰어난 지도력을 갖췄다고 주장할 수 있다. 한 국가나 한 민족의 지도자가 역사적으로 선택되고, 그 선택된 자가 시대와 사회를 통찰할 수 있는 능력을 갖추었다면, 더 없이 이상적일 것이다. 그러나 인류 역사상 그러한 예는 찾을 수 없다고 본다. 따라서 모택동의 지도력은 역사적 당위성을 갖추었다기보다 오히려 모방의 독창적 재창조에 핵심이 있다고 생각한다.

주 제 탐 구 **03**강 인식과 실천의 관계

case 1 · 인식에 대한 개념화

제시문은 인식과 실천이 서로 다른 성질의 것이지만 서로 단독적이지 않고 상호 보안적임을 나타낸다. 다시 말해 인식은 지극히 주관적이지만 실천을 떠나서는 성립할 수 없으며 인식의 궁극적 가치가 실천에 있음을 강조한다.

그 밖의 인식의 유형으로서 예를들면 대상에 대한 관찰과 분석으로 과학적 원리를 밝혀내어 새로운 지식을 발견함으로써 사회에 이바지하지만, 그것이 실천적일 때 과연 인간의 삶에 유익한가 하는 판단은 모호하다는 한계가 있다고 하는 과학적 인식이 있다.

또한 이러한 과학적 인식의 한계성을 보완하고 인간의 올바른 삶에 대한 지혜를 제공하는 도덕적 인식 그리고 인간의 모든 행동은 자기 자신의 자각과 이해로부터 나온다는 것을 알 수 있다고 하는 지각적 인식이 있다.

· 현대사회에서의 인식과 실천

— 인식과 실천의 통일이 중요하다고 보는 견해

실천은 인간이 목적을 가지고 행하는 능동적 활동이다. 인식이 아무리 옳고 새롭다고 하더라도 그것이 인식으로만 그친다면 아무런 가치를 지니지 못한다. 아무리 이성적이며 유익한 인식이라 할지라도 인간의 삶에서 실천적으로 행해질 때 비로소 그 가치를 인정받는 것이다. 오늘날 우리는 정보의 홍수 속에서 살고 있다고 할 정도로 수많은 정보를 자유롭게 접하며 서로 공유한다. 그러나 모든 사람이 수많은 정보를 접하면서도 이성적으로 인식하는 과정을 꺼려 하고, 단편적인 인식만을 편식한다. 때로는 오히려 필요로 하지 않는 정보를 인식하기도 한다. 그러므로 사회와 각 개인은 각자 자기에게 필요하며 유익한 정보를 인식하고 활용하여 올바른 실천으로 나아갈 수 있도록 노력하는 것이 중요하다.

— 과학적 인식이 중요하다고 보는 견해

오늘날 우리가 살고 있는 현대는 눈부신 과학적 인식으로 인한 쾌거라고 할 수 있다. 이러한 과학의 발전은 인류의 역사를 계속해서 앞당겨 왔으며, 현재 우리가 안고 있는 자원의 고갈이나 각종 재해, 질병 등 여러 가지 문제들을 해결하기 위해서 과학적 사고가 필요하다고 본다. 또한 생명의 연장 및 인류 문명의 보존과 발전을 위해서도 과학적 인식이 무엇보다 중요하다.

— 도덕적 인식이 중요하다고 보는 견해

오늘날 우리는 과학의 발달로 물질적 풍요를 누리며 살고 있다. 그러나 급속도로 발전한 과학 문명은 우리에게 편리함과 논리성을 안겨 주었지만, 자연과 인간에 대한 가치가 물질화되어 가는 부정적 측면들도 함께 안겨 주었다. 인간이 물질화된다면 아무리 편리한 삶과 윤택한 삶을 산다 해도 그것이 결코 인간에 대한 근본적인 행복이라고는 말할 수 없다. 인간에 대한 도덕적 인식의 바탕 위에 과학적 인식이 필요하며 이를 실천할 때만이 진정한 행복을 누린다고 볼 수 있다.

— 자각적 인식이 중요하다고 보는 견해

우리는 주변에서 같은 상황에서 각 개인의 행동이 다르게 나타남을 알 수 있다. 이는 인간의 행동은 바로 자기 자신의 자각과 인식으로부터 나온다는 것을 의미하기도 한다. 그러나 잘못하면 너무 자존적으로 나아갈 위험이 있는 것도 사실이다. 그러므로 이를 위해서는 모든 가치의 객관적이며 올바른 인식이 선행되어야 한다. 또한 이를 실천해 나가는 것이 무엇보다 중요하다.

주제탐구 **04** 강 실사구시

case 1 택준과 친구들은 그들의 신념에 따라 마을 사람들을 교육시키면 그들이 더 나은 삶을 살 수 있을 것이라 믿었는데, 마을 사람들로부터 거듭 외면당하자 곧 그들의 잘못된 판단과 행동을 깨닫게 된다. 그것은 마을 사람들을 교육의 대상으로만 느꼈을 뿐 실질적으로 그들 속에서 느끼지 않았기 때문이다. 이후 마을 사람들과 함께 일하고 그들의 이야기에 귀 기울여 눈높이를 맞추자 마을 사람들이 먼저 택준 등에게 다가오게 된다.

제시문 ④는 실제 아무런 생산능력이 없으면서, 허상만을 좇고 겉치레에 치중하는 양반의 계층을 풍자적으로 나타냈다.

제시문에 나타난 주제의 정신은 실사구시라고 볼 수 있다. 실사구시란 눈으로 보고 귀로 듣고 손으로 만져 보는 것과 같은 실험과 연구를 거쳐 아무도 부정할 수 없는 객관적 사실을 통하여 정확한 판단과 해답을 얻고자 하는 것을 일컫는다. 현대를 살아가는 우리는 수많은 일과 정보들을 직접 경험하지 않고도 다양한 정보 매체를 통해 간접 경험할 수 있다. 그리하여 직접 경험해 보지 않고도 쉽고 편리하게 다양한 경험과 판단을 이끌어 낼 수도 있다. 그러나 이러한 일련의 것들은 쉽게 잊히거나 단순히 지식적 축적으로 이어질 부정적 측면을 갖고 있다.

주 제 탐 구 05강   대동사상의 의미

case 1 우리나라는 특히 올해 외환위기 후 최악이라는 소비경기 침체를 겪고 있으며, 신용 불량자와 노사 갈등으로 인해 많은 갈등을 겪고 있다. 우리나라는 민주주의 국가로 시장경제 원리를 지향한다. 시장경제 체제는 자유민주주의의 상징이다. 우리에게 익숙한 이러한 이념들이 국가뿐만 아니라, 시민들에게 끼치는 영향력은 실로 막대하기 때문에 여전히 곳곳에서 이에 대한 논의가 끊임없이 제기되고 있다. 기업은 자유민주주의와 시장경제의 산물이라고 볼 수 있다. 자유민주주의로 인해 현재의 기업들이 나타날 수 있으며, 이러한 기업들이 시장경제와 상호 간의 영향성을 행사하고 있다.

그러나 민주주의의 가치인 '평등' 이 시장경제 가치인 '경쟁', '자유' 와 상호 충돌하면서 문제가 발생한다. 기업의 사회적 목적이 이윤 창출이지만 기업의 투명하지 못한 경영은 국가 경쟁력을 저하시킨다.

세계는 지금 정보 통신과 네트워크로 교류하며 활발한 경쟁을 하고 있다. 이러한 시장경제 논리에서 성장과 분배를 적절히 조절하지 못하고 정부 정책 또한 현명하지 못한다면 그 피해는 고스란히 국민들에게 돌아가고 만다. 이는 결국 국가의 경쟁력 저하로 나타나게 된다.

철학자가 들려주는 철학이야기 032

루소가 들려주는 교육 이야기

저자_박은홍
성균관대학교 독문과를 졸업하고 독일 베를린 자유대학에서 교육철학 박사
학위를 받았다.
현재 아영교육문화연구소 소장으로 활동하고 있다.

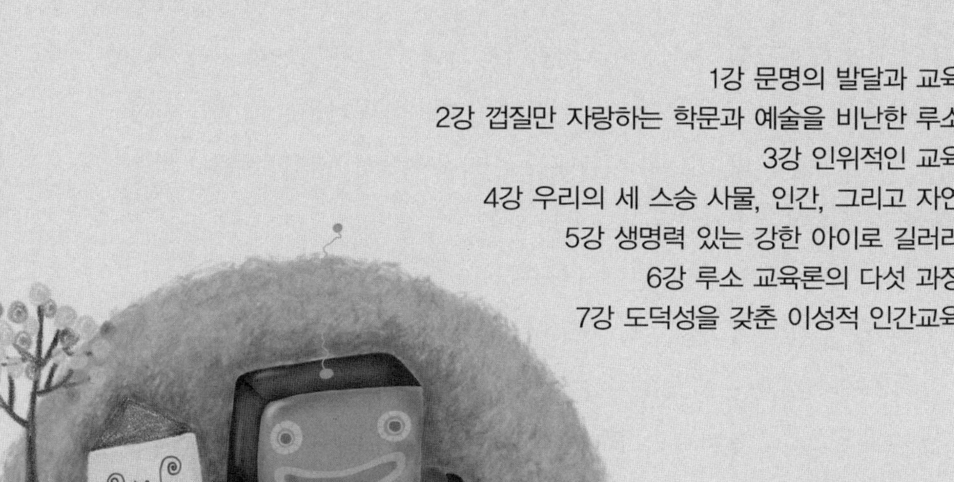

“누나는 루소의 《에밀》도 안 읽어 봤어?”

삼촌이 갑자기 《에밀》 이야기를 하자 내 귀가 번쩍 뜨였습니다.

'선생님도 말씀한 적이 있는 《에밀》을 삼촌도 말씀하시네?'

(중략)

“루소의 말에 따르면 하나는 지금 어린이 시기에서 소년기로 넘어가는 때라고. 어린이 시기의 소극적 교육에서, 이성 훈련과 지성을 가꾸는 데 힘을 쏟아야 하는 시기라는 거지. 하나는 이제 몸으로 직접 체득하는 경험을 해야 하는 나이야. 그런데 안에만 가둬 두어서야 되겠어?”

외삼촌의 말을 듣던 엄마가 한마디 했습니다.

“어째 《에밀》은 내가 가지고 있던 책인데 네가 더 많이 아는 것 같구나.”

“누나 덕에 처음 루소의 교육 철학을 알게 되긴 했지. 그때는 그냥 그런가 보다 했는데, 초원이를 보면서 나야말로 몸으로 산 경험을 했어. '아이들은 자연 속에서 잘 큰다' 라는 사실을 말이야.”

그렇게 심하게 아토피를 앓던 초원이가 증거라서 그런지 엄마는 다른 반대를 하지 못했습니다.

“처남, 자네 말에 나도 전적으로 동감하네. 애들이 자연에서 뛰어놀아야지

애답게 크는 거지, 원 지금처럼 공부만 시키다가는 제대로 인격이 형성될지 걱정이야. 우리 하나도 오죽 힘들었으면 저렇겠나?"

지금까지 조용히 계시던 아빠가 외삼촌의 말을 거들었습니다. 평소 아빠가 하던 얘기를 외삼촌이 해 주니 동지를 얻은 기분일 것입니다. 언제나 엄마 말에 눌려 있던 아빠의 교육관이 되살아나는 듯했습니다.

"점점 더 도시가 넓어지고 기계 문명이 발달한 지금 같은 때에, 어떻게 자연적 교육을 한다는 거니? 공원이나 산에 가야 나무 좀 볼 수 있을까, 우리 어릴 때처럼 밖에서 놀 만한 자연 공간도 없는 게 현실이야. 또 놀 친구도 있는 줄 아니? 다들 학원에 간다, 방문 선생님 오신다, 그래서 같이 놀 만한 애들이 나오질 않는다고. 옛날 같다고 생각하면 안 돼, 애."

엄마가 역시 지지 않고 말했습니다.

"그러니까 더 문제지. 루소가 살았던 그때에도 말이야, 잘사는 상류층 사람들은 온갖 교육을 다 시킨다고 애들에게 선생을 붙였어. 어려서부터 수업 받는 것에만 시달리던 아이들이 어디 참된 인성을 기를 수가 있었겠어? 그걸 보던 루소는 안타까운 마음에 교육 철학을 담은 《에밀》을 쓰게 된 거지. 아마 몇백 년이 지난 지금도 루소의 시대와 많이 다르지 않을걸. 문명과 사회가 발달하면서 사람들의 정신은 도리어 피폐해지는 것 같아."

외삼촌은 힘주어 지금의 문제를 말했습니다. 외삼촌의 말을 들으면서 나는 공상 과학 영화의 장면이 떠올랐습니다. 기계가 사람의 일을 대신하는 미래 사회에서 사람들의 인간성은 더 악해지고 평화도 사라지게 되는 모습들 말입니다.

외삼촌이 걱정하는 대로라면 미래에는 정말 그런 사회가 될 수도 있지 않을까요? 왠지 무서운 기분이 들어 으스스 몸이 떨렸습니다.

 루소가 저서 《에밀》을 통해 제시한 다섯 단계의 교육과정 중 하나가 해당되는 시기는 어느 시기이며, 이 시기에는 어떤 형태의 교육이 필요한지 서술하시오.

case **2** 하나의 외삼촌은 어려서부터 공부만 하면 참된 인성을 기를 수 없다고 주장한다. 하나 외삼촌의 주장에 찬성하거나 반대하는 의견을 말하고 그렇게 생각하는 이유도 밝히시오.

생각 쓰기

 현대사회에서는 기계가 사람의 일을 아주 많이 대신하고 있다. 기계가 없으면 공장에서 물건을 생산할 수 없다. 가정에서도 세탁기, 청소기, 식기 세척기, 에어컨, 선풍기, 냉장고 등 기계가 사람의 일을 대신해 주고 있다. 그렇다면 기계 문명이 인간의 정신을 피폐하게 하는 걸까? 이 질문에 대한 찬반 의견을 쓰고 그 이유도 밝히시오.

02강 껍질만 자랑하는 학문과 예술을 비난한 루소

루소는 《학문예술론》, 《인간 불평등 기원론》, 《달랑베르에게 보내는 편지》 등에서 당시의 근대사회와 인간의 본성을 대립되는 것으로 보고 이들 저술에서 유럽 문명을 매우 날카롭게 비판했다. 즉 유럽 문명은 인간의 본성을 희생시키고 지성적이며 피상적인 문화만을 발달시켜 왔다는 것이다. 또한 근대사회의 인간은 일면적인 지성에만 의존하여 인위적 요구만을 충족시키려고 해 결국 본래적인 의무를 망각, 자연의 요구를 보지 못하게 되었다고 생각했다.

루소는 이런 관점에서 근대의 예술과 학문을 비판했다. 예술과 학문은 인간의 근본적 요구의 표현이지만 근대사회의 예술과 학문은 겉으로만 화려하고 번지르르하기 때문에 결국 오만과 허영심의 결과물에 지나지 않는 것이다.

학문과 예술은 인간의 기본적인 요구이지만 루소가 보기에 당시 프랑스 사회에서는 권력이나 돈을 가진 사람들이 자기 자신의 이기심을 만족시키기 위한 단순한 수단으로 학문과 예술을 내세워 과시한다는 것이다.

– 《루소가 들려주는 교육 이야기》 중에서

case **1** 윗 글을 읽고 루소가 말하는 인위적 요구는 무엇이고 그 반대인 자연적 요구는 무엇인지 설명하고, 이를 근거로 현재의 교육 현실을 비판하시오.

생각 쓰기

case **2** 루소는 근대 유럽 문명의 문제점을 여러 방면에서 지적하였다. 핵심적 내용을 네 가지로 정리해 보시오.

잠시 쉬었다가 외삼촌이 말을 이었습니다.

"루소가 살던 당시에는 부유하거나 권력을 가진 부모들이 자식들의 미래를 위해 학문과 예술을 학교 교육으로 시켰단다. 루소가 보기에 인간 본성을 멀리하고 돈과 권력을 목적으로 삼은 학교 교육은 형식교육에 지나지 않았던 것이지. 지금의 모습도 사실 그때와 비슷하지 않니?"

"그렇긴 한 것 같아요. 우리 반에도 잘사는 애들은 학원을 더 많이 다니고, 좀 가난한 애들은 학원을 못 다녀요. 엄마가 자가용 가지고 학원마다 태워다 주는 그런 애들이 공부를 더 잘하는 건 사실이거든요. 그래서 우리 엄마도 엄마가 더 정성을 쏟아야 제 성적이 오른다고 생각하시나 봐요."

외삼촌 얘기를 듣다 보니 우리 반 애들이 생각난 내가 말했습니다.

"그러니 루소 시대나 지금 우리 시대가 크게 다를 게 없다는 생각이 드는구나."

(······)

"지나치게 인위적인 교육을 하는 게 문제라는 것까지요. 그런데 아버지, 루소는 그런 교육이 아니라면 어떤 것이 참된 교육이라고 했나요?"

외삼촌의 얘기를 잘 기억하고 있던 초원이가 선수를 쳤습니다. 내가 말하고 싶었는데, 에잇! 놓치고 말았습니다.

―《루소가 들려주는 교육 이야기》 중에서

case 1 인위적인 교육의 사례를 윗글에서 찾아 쓰시오.

04강 우리의 세 스승 사물, 인간, 그리고 자연

우리는 연약한 존재로 태어나 힘을 필요로 한다. 우리는 아무것도 없는 상태에서 태어나 도움을 필요로 한다. 우리는 어리석은 존재로 태어나 분별력을 필요로 한다. 우리가 태어날 때 지니지 못한 모든 것과 성장하면서 필요로 하는 모든 것은 교육을 통하여 부여된다.

이러한 교육은 자연이나 인간, 혹은 사물을 통해 이뤄진다. 우리의 능력과 신체 조직을 내적으로 성장시키는 것은 자연의 교육이다. 이러한 성장을 활용하는 방법을 알려 주는 것은 인간의 교육이다. 우리에게 자극을 주는 물체들을 직접 체험함으로써 얻는 것은 사물의 교육이다.

따라서 우리는 저마다 세 가지 종류의 스승에게서 교육을 받는다. 만약 세 가지 교육의 다양한 가르침이 제자의 내면에서 서로 모순된다면 그는 제대로 된 교육을 받지 못한 존재, 자기 자신과 결코 조화를 이루지 못하는 존재가 될 것이다. 반면 세 가지 교육이 제자의 내면에서 하나로 합쳐져 동일한 목적을 지향한다면 그는 자신이 설정한 목표에 따르는 삶을 살아갈 것이다. 이런 제자만이 제대로 된 교육을 받은 존재이다.

이 세 가지 서로 다른 교육 중에서 자연의 교육은 우리로서는 전혀 어찌할 도리가 없다. 한편, 사물의 교육은 어느 정도까지 우리에게 달려 있을 수도 있

case 1 윗글을 요약, 정리하여 재구성해 보시오. 위에 나온 단어는 사용해도 되나 문장 전체를 그대로 옮겨 쓰거나 핵심 내용이 왜곡되게 하지는 마시오.

05강 생명력 있는 강한 아이로 길러라

따라서 우리의 관점을 일반화시켜야 하며, 우리의 학생을 통한 추상적인 인간, 곧 인생의 온갖 파란만장한 일을 겪게 되는 인간을 생각해야 한다. 만약 사람들이 자기 나라에만 매여 있도록 태어났고, 매년 똑같은 계절이 계속되고, 각자 자기 운명을 꽉 붙들어 결코 변하지 않게 할 수 있다면 기존의 교육 방식도 어느 정도 장점이 있을지 모른다. 자신의 신분에 맞도록 교육받은 아이는 그 신분을 떠나지 않는 한, 다른 신분으로 바뀌어서 처하게 되는 불편을 겪을 가능성이 전혀 없기 때문이다. 그러나 변하기 쉬운 인간 만사와 한 세대마다 완전히 뒤집히는 금세기의 불안하고 동요하는 정신을 고려하건대, 마치 아이가 자기 방에서 밖으로 나갈 일이 전혀 없고 언제나 하인들로 둘러싸여 있을 것처럼 키우는 것보다 어리석은 방식이 어디 있겠는가? 이런 불행한 인간은 땅에 한 발이라도 내딛거나 한 계단이라도 내려서면 금세 파멸하고 만다. 이런 방식은 고통을 견디도록 가르치는 것이 아니라 고통을 느끼도록 훈련시키는 셈이다.

사람들은 자기 아이를 보호하는 것만 생각하지만 그것으로는 충분하지 않다. 아이가 인간으로서 자신을 보존하고, 운명의 충격을 견뎌 내며, 부유함과 빈곤함에도 의연하고, 필요하다면 아이슬란드의 얼음 더미 속에서나 몰타 섬의 타는 듯이 뜨거운 바위 위에서도 살아갈 수 있도록 가르쳐야 한다. 당신들은 아이가 죽지 않을까 해서 지나치게 조심한다. 그러나 아이는 언젠가는 반드시 죽는다. 설령 당신이 잘못 보살펴서 아이가 죽은 것이 아닐지라도 잘못 보살폈다는 오해는 여전히 남는다. 아이가 죽지 않게 하는 것보다 아이가 살아가게 만드는 것이 더욱 중요한 문제이다.

산다는 것, 이것은 숨 쉬는 것이 아니라 활동하는 것이다. 산다는 것은 신체 기관, 감각, 능력 등 우리 존재에 대한 감정을 부여하는 모든 부분을 활용하게 하는 것이다. 가장 많이 산 사람은 가장 오랫동안 나이를 헤아리며 산 사람이 아니라 삶을 가장 충만하게 느낀 사람이다. 백 살이 되도록 살다가 무덤에 묻혔지만 태어나자마자 죽은 것과 다름없는 사람도 있다. 설령 젊어서 죽었다 해도, 그가 삶을 충만하게 느끼며 살았다면 적어도 그때까지는 살아 있었다고 할 수 있을 것이다.

case 1 각 문단의 핵심 내용을 각각 한 문장으로 요약하시오.

생각 쓰기

생각 쓰기

06강 루소 교육론의 다섯 과정

전 5권으로 구성되어 있는 《에밀》은 5권이라기보다는 오히려 다섯 부로 보는 것이 좋으며, 각 부는 나이에 걸맞은 교육을 제시하고 있다. 태어나서부터 청년이 되어 결혼하기까지 어떤 교육을 어떻게 받아야 선한 인간 본성을 사회에 실현시킬 수 있는지가 《에밀》 전체에 걸쳐서 상세히 전개된다.

첫 번째 교육 과정: 아기가 이 세상에 출생해서 다섯 살까지의 과정이다. 루소가 보기에 이 시기의 아이들은 먹고 자고 배설하는 본능적 욕망만을 채우려고 하며, 이 시기의 아이들에게 필요한 교육은 본능적 욕망을 적절히 충족하게끔 하는 것 이외의 다른 것은 없다. 루소의 이론에 따르면 영어 회화를 듣게 한다든가 간단한 산수를 가르치는 것은 아이들에게 해로운 것일 수도 있다.

두 번째 교육 과정: 다섯 살부터 열두 살까지의 시기이다. 요새 심리학자들은 열두 살이나 열세 살이면 인간의 성격이 거의 고정된다고 하지만, 루소는 청년기까지 인간의 교육이 필요하다고 보았다.

루소는 철저히 형식에 얽매인 학교교육을 반대했다. 왜냐하면 그런 교육은 인간의 선한 본성을 무시하고 허영과 오만 등 사회의 악덕만을 가르쳐 주기 때문이다.

두 번째 교육 과정에서 중요한 것은 감각, 사물 및 육체 훈련이다. 인간은 시각, 청각, 촉각, 후각, 미각 등 다섯 가지 감각을 가지고 있으며, 이 다섯 가지 감각기관을 적절히 발달시킬 때 자연에 걸맞은 감각 기능을 가질 수 있고 건강한 인간으로 성장할 수 있다고 보았다.

두 번째 교육 과정에서는 물건과 아울러 육체 훈련에 대한 교육도 매우 중요하다. 그러니까 루소는 억지로 하는 인위적인 교육을 철두철미하게 배척하고 감각, 물건, 신체 훈련에 대한 자연스런 교육이 꼭 필요하다고 보았다.

세 번째 교육 과정: 열두 살부터 열다섯 살까지입니다. 이때부터 아이는 사회에 적응하면서 문명사회를 변화시키고 타파할 능력을 키워야 하며 본래적으로 가지고 있는 선한 연민의 감정을 이성으로 다스릴 줄 알기를 배워야 합니다. 이 시기는 바로 사춘기에 해당합니다.

이 세 번째 교육 과정에서 청소년들은 이성을 잘 훈련시켜서 예리한 지성을 갖출 필요가 있다. 루소에 의하면 이 시기의 청소년은 이론적 판단력을 제대로 갖추어야 하고 동시에 실천적인 수공업 기술을 옳게 습득해야 한다.

네 번째 교육 과정: 열다섯 살부터 스무 살까지의 청년기이고 이 시기의 청춘

남녀는 성인이 되기 위한 종합적인 교육을 필요로 한다. 이 시기의 젊은이들은 사회도덕에 대한 감정과 초월적 종교에 관한 감정을 조화롭게 교육받을 필요가 있으며 더불어 벗들과의 우정, 그리고 이웃에 관한 동정 등의 감정을 옳게 닦을 필요가 있다. 또 이 시기의 젊은이들은 장차 결혼을 준비하기 위해서 올바른 성에 관한 의식을 닦을 필요가 있다. 이 시기야말로 감정과 이성을 제대로 조화시켜야 한다.

다섯 번째 교육 과정: 교육의 완성 단계로써 결혼기에 해당한다. 이 시기의 성인들은 결혼 생활을 통해서 안정과 자유를 얻지만 복잡한 사회생활의 여러 가지 문제점들을 해결하고 헤쳐 나가야 한다.

루소는 《에밀》에 등장하는 주인공 에밀이 이런 다섯 가지 교육 과정을 거쳐서 어떻게 인간다운 인간으로 성숙하면서 결국 소피라는 이상적 여인을

case 1 루소가 이상적으로 생각하는 교육의 5단계와 우리나라 교육 현실 사이에는 상당한 격차가 있다. 그 차이점을 설명하시오.

생각 쓰기

07 _강 도덕성을 갖춘 이성적 인간교육

이성(理性)을 갖추는 시기에 도달할 때까지는 도덕적 존재라든가 사회적 관계에 대한 관념을 가지는 것이 불가능하다. 그러므로 되도록 그런 관념을 나타내는 말은 아이들 앞에서 사용하지 말아야 한다. 아이가 처음에 그런 말에 대하여 잘못된 관념을 가지게 되면, 성인이 되어서도 바로잡기 힘들기 때문이다. 아이의 머릿속에 새겨진 최초의 잘못된 관념은 오류와 악덕의 씨가 된다. 따라서 첫발을 특히 주의하여 내딛지 않으면 안 된다. 아이가 감각적인 사물에 의해서만 자극을 받는 동안에는 아이의 모든 관념이 감각에 머무르도록 하는 것이 좋다. 아이가 주위 어디를 보아도 감각적인 세계만을 볼 수 있게 해 주는 것이 좋다. 그렇게 하지 않으면 아이는 당신 말에 전혀 귀를 기울이지 않게 되든지, 또는 당신이 말하는 도덕적인 세계에 대해 평생 지울 수 없는 환상적인 관념에 사로잡히고 말 것이다.

'아이와 함께 토론하라' — 어떤 철학자가 제시한 중요한 준칙이다. 이 말은 오늘날 대단히 유행하고 있다. 그러나 이 준칙을 지킨 결과는 그리 바람직한 것이 아니다. 나는 어른과 토론을 해 온 아이처럼 어리석은 존재는 없을 것이라 생각한다. 인간의 모든 능력 중에서 이른바 다른 모든 능력들을 종합한 능력인 이성은 가장 까다로운 길을 통해, 그리고 가장 늦게 발달한다. 그럼에도 불구하고 사람들은 그것을 사용하여 다른 능력을 발달시키려 하고 있다. 훌륭한 교육이란 이성적인 인간을 만드는 것이다. 그런데도 사람들은 이성에 의해 아이를 교육하려 한다. 그것은 교육을 맨 마지막 단계에서부터 시작하는 것이다. 즉, 목표를 수단으로 삼으려는 것이다. 아이가 이치를 분별한다면 그들을 교육시킬 필요가 없다. 그런데 사람들은 아주 어릴 때부터 조금도 알아듣지 못하는 말을 아이에게 함으로써 그들에게 말만으로 만족하는 습관을 들여주고, 또 아이들이 다른 사람이 말하는 것을 일일이 따져서 자신이 마치 선생과 똑같이 지혜로운 인간인 양 착각하게 하여 논쟁을 좋아하는 반항아가 되도록 가르치고 있다. 그리고 어른이 합리적인 동기에 의해 무엇인가를 아이에게 요구한다는 것에는 반드시 탐욕이나 불안, 허영심 따위가 결부되어 있다.

사람들이 아이에 대하여 행하는, 혹은 행할 수 있는 도덕 교육의 교훈은 대부분 다음과 같은 식으로 요약할 수 있다.

선생: 그런 짓을 해서는 안 된다.
아이: 왜 안 되죠?
선생: 그것은 나쁜 짓이기 때문이다.
아이: 나쁜 짓? 어떤 것이 나쁜 거죠?

선생: 금지되어 있는 일을 말한다.

아이: 금지되어 있는 일을 하면 어째서 나쁜가요?

선생: 너는 말을 듣지 않았기 때문에 벌을 받게 된다.

아이: 그럼, 남들이 모르게 하면 되지요.

선생: 누군가가 네가 하는 일을 지켜보고 있을 거야.

아이: 숨어서 하겠어요.

선생: 네게 무엇을 했느냐고 물을 것이다.

아이: 거짓말을 하면 되죠.

선생: 거짓말을 해서는 안 된다.

아이: 왜 거짓말을 하면 안 되나요?

선생: 그것은 나쁜 짓이기 때문이다.

이것은 피하기 어려운 순환이다. 여기서 더 벗어나면, 아이는 당신들이 하는 말을 알아듣지 못한다. 이것은 참으로 유익한 교훈이다. 사람들은 이 대화를 어떤 것으로 대치할 수 있는지 알고 싶어 한다. 선과 악을 아는 것이나 인간은 왜 여러 가지 의무를 지켜야 하는지 등의 문제는 아이들이 이해할 영역이 아니다. 자연은 아이가 어른이 될 때까지 아이로 있기를 원한다. 이 순서를 어지럽혀 놓으면, 익지도 않고 맛도 없는, 그리고 곧 썩어 버리는 과일을 만드는 꼴이 된다. 우리는 어린 박사와 늙은 아이를 키우고 있는 셈이다. 아이에게는 아이 특유의 사물을 보는 법, 생각하는 법, 느끼는 법이 있다. 그런데 그들의 방법 대신 어른들이 보는 법, 생각하는 법, 느끼는 법을 가르쳐 주려고 하는 것처럼 분별없는 짓은 없다. 따라서 열 살 된 아이에게 판단력을 요구하는 것은, 아이에게 6척의 키를 요구하는 것과 같다. 사실 그 정도의 나이에 이성이 무슨 도움이 되겠는가?

이성(理性)이란 다른 모든 능력을 (①   )하는 능력이며 (②   )를 분별하는 능력이다. 또는 옳고 그름을 판단하는 인간만이 가지고 있는 능력을 말한다.

case **2** 이성적 인간은 어떤 사람인지 제시문에서 암시된 내용을 바탕으로 정리해 보시오.

생각 쓰기

생각 쓰기

case 4 교육자가 해야 하는 것과 해서는 안 되는 것을 위의 제시문에서 발췌하여 정리하시오.

아비투어 철학 논술

예시 답안

case 1 루소가 제시한 교육과정 중 하나가 해당되는 시기는 두 번째 교육과정인 소년기로 다섯 살부터 열두 살까지의 시기를 말한다. 루소는 형식에 얽매인 학교 교육을 반대하였는데, 학교 교육이 인간의 선한 본성을 무시하고 허영과 오만 등 사회의 악덕만을 가르친다고 생각했기 때문이다.

루소는 이 시기에 가장 중요한 것은 감각, 사물 및 신체 훈련이라고 보았으며, 인간의 감각을 발달시킬 수 있는 훈련을 함으로써 건강한 인간으로 성장할 수 있다고 생각했다.

case 2 찬성: 인간은 감성과 이성을 모두 갖고 있는 존재이다. 따라서 이성만을 지나치게 계발한다면 감성이 약화돼, 결과적으로 온전한 인성을 갖지 못할 것이다. 따라서 지식 습득과 이해라는 의미의 공부는 주로 이성과 연관되는 것이므로 어린 시절부터 공부만 한다면, 하나 외삼촌의 말처럼 참된 인성을 기를 수 없게 될 것이다.

반대: 인간은 다른 동물과 달리 지적인 존재이다. 인간이 과학과 문명을 발전시켜 온 것도 감정이나 욕구에 얽매이지 않고 지성을 발휘했기 때문이다. 이렇게 본다면 인성이란 것도 지적인 면을 가리킨다. 도덕이나 예의 같은 것도 인간이 생각하고 알 수 있는 능력이 있기 때문에 가능한 것이다.

공부를 하면 지적 능력을 키울 수 있고, 올바른 사리분별이 가능해진다. 그러므로 어린 시절부터 공부를 한다는 것은, 어린 시절부터 인성을 기른다는 의미이기도 하다.

case 3 찬성: 기계가 인간의 일을 대신해 주면, 인간은 당장은 편할 수 있다. 하지만 여기에 익숙해지다 보면, 인간은 자신의 잠재적 능력을 차츰 잃게 된다. 다. 창의적으로 생각하면서 일상의 문제를 해결하려는 노력을 거의 하지 않게 되는 것이다. 더불어 기계가 주는 편리함 때문에 기계에 의존하게 되고 종속된다. 인간의 정신은 점차 약화되고, 결국은 피폐하게 될 가능성이 크다.

반대: 기계가 사람이 하는 많은 일을 대신한다고 해서, 인간의 정신이 피폐하게 되는 것은 아니다. 기계는 많은 소모적인 일에서 인간을 해방시켜 주기 때문에 인간으로 하여금 정신 능력을 좀 더 창의적인 일에 사용할 수 있게 해준다. 그러므로 기계 문명은 인간의 정신을 피폐하게 하기는커녕 오히려 정신의 발전 가능성을 높여 준다.

주 제 탐 구　**02** 강　껍질만 자랑하는 학문과 예술을 비난한 루소

case 1 루소의 기본 사상은 자연으로 돌아가 선한 인간 본래의 본성을 지킬 수 있게 하자는 것이다. 이러한 루소의 사상에서 자연적 요구란 인간 본연의 모습이 추구하고자 하는 자연스러운 모습이고, 인위적인 요구란 그와 반대로 이성에 의해서만 요구되는 일들을 일컫는다.

루소는《학문예술론》에서 학문, 예술, 사회의 발달로 대변되는 문명이, 자연이 비밀

스럽게 감추고자 하는 진리를 인위적으로 드러내고 파괴하면서 사회인의 타락을 부추기고 있다고 비판하였다. 학문과 예술에서 추구하는 지식과 아름다움은 인간이 근본적으로 지향하는 것이지만, 귀족 문화에서 지나친 사치와 기교가 발달함으로써 문학과 예술 본연의 모습이 타락했다는 것이다.

이러한 루소 사상에 근거해서 오늘날의 교육 현실을 바라볼 때, 지식 습득의 목적과 수단이 혼동되어 마치 대학에 입학하고 좋은 직장을 얻는 것이 인생 최대의 목표이고 이를 위해 공부하는 것이라는 생각이 만연한 것은 개탄할 만한 일이다.

case 2

① 근대 유럽 문명은 인간의 본성을 희생시키고 지성적이고 피상적인 문화만 발달시켰다.

② 일방적으로 지성에만 의존해서 인위적 요구만을 충족시키려 하고 자연의 요구를 보지 못하였다.

③ 근대사회의 예술과 학문은 겉으로만 화려하고 번지르르하기 때문에 결국 오만과 허영심의 결과물에 지나지 않는다.

④ 당시 프랑스 사회에서는 권력이나 돈을 가진 사람들이 자기 자신의 이기심을 만족시키기 위한 수단으로 학문과 예술을 과시하였다.

case **1**   ① 인간 본성을 멀리하고 돈과 권력을 목적으로 삼은 학교의 형식 교육.

② 부잣집 아이일수록 더 많은 학원을 다니고 엄마가 자가용으로 학원마다 태워다 주는 교육.

③ 엄마가 정성을 쏟아야 성적이 오른다고 생각하는 교육.

case **1**   연약한 존재로 태어난 우리는 교육의 도움을 받아 분별력을 갖추게 된다.

교육은 첫째로 자연을 통해서 이루어진다. 자연은 내적으로 우리의 능력과 신체 조직을 성장시켜 준다. 자연이 우리에게 미치는 힘에 대해 우리는 영향을 줄 수가 없다.

둘째로 교육은 사물에 의해 이루어진다. 사물은 우리에게 자극을 주어 새로운 체험을 하도록 도와준다. 사물 교육에는 우리가 약간 영향을 줄 수도 있다.

그러나 우리가 가장 많은 영향을 행사할 수 있는 교육은 인간을 통한 교육이다. 이를 통해 자연이 우리에게 준 능력과 성장을 활용하는 방법을 배운다.

우리는 이 세 가지 스승에게서 배운다. 이 세 가지 교육이 모순되지 않고 조화롭게 이루어질 때 교육받는 자는 자신이 설정한 목표에 따라 자신의 삶을 살 수 있다.

주 제 탐 구 **05**강 생명력 있는 강한 아이로 길러라

case 1 ① 첫 문단: 항상 변화하는 세상에 나아가 경험을 쌓지 않고 주변 사람의 보호 속에서만 머무른다면 파멸의 길로 들어서는 것이다.

② 둘째 문단: 아이에게 불행이 닥칠까 두려워 아이를 보호하기만 한다면 그 아이는 이미 죽은 것이나 마찬가지이다.

③ 셋째 문단: 산다는 것은 호흡하는 것이 아니라 활동하고 삶을 충만하게 느끼는 것이다.

case 2 '산다는 것, 이것은 숨 쉬는 것이 아니라 활동하는 것이다' 가 위 제시문의 중심 문장이라고 생각된다. 첫 번째 문단은 아이를 지나치게 보호할 때 생기는 문제점을 지적하고 있고, 두 번째 문단은 아이를 강하게 키우기 위해 교육자가 용기를 가져야 한다고 충고하고 있다. 세 번째 문단에서는 인간이 살아 있는 이유를 설명하면서 위의 문장을 제시하고 있다.

그런데 아이가 약해지지 않고 강하게 살 수 있게 해야 한다는 것은 참된 삶을 살게 해야 한다는 것이고, 그 참된 삶이란 능동적으로 활동하는 삶을 말한다. 즉 첫 번째 문단과 두 번째 문단의 내용은 결국 세 번째 문단에 포괄된다.

이렇게 볼 때 루소가 말하는 핵심은 세 번째 문단에 있으며, 그 핵심 문장은 전체 제시문의 핵심이 된다.

주 제 탐 구 **06**강 루소 교육론의 다섯 과정

case 1 루소에 따르면 유아기는 아이들이 본능적 욕망을 적절하게 충족하도록 하는 시기이다. 이 시기에 영어 회화나 한글, 산수 등을 가르치는 조기교육은 오히려 아이에게 해롭다고 루소는 생각한다.

루소는 두 번째 교육 과정에서 감각, 사물, 육체 훈련을 중요시했다. 우리나라 현실 교육은 이 부분이 많이 부족하다.

사춘기에 해당하는 세 번째 단계에서는 이성적 판단 능력을 길러야 한다고 루소는 말한다. 하지만 이 시기에도 시험 위주로 공부를 하기 때문에 사고력과 판단력을 적극적으로 계발하는 교육은 아무래도 부족하다.

네 번째 단계에서는 감성과 이성을 조화롭게 하고 친구와의 우정과 이웃에 관한 동정의 감정을 제대로 닦아야 한다고 했다. 그러나 입시 경쟁 때문에 친구와의 우정보다 점수가 더 중요하게 여겨질 때도 많다.

이런 점에서 루소의 교육론과 우리나라 현실 사이에는 큰 격차가 있다.

case 1

① 종합

② 이치

case 2

① 도덕적 존재라든가 사회적 관계에 대한 관념을 이해하는 사람

② 다른 모든 능력을 종합하는 능력인 이성을 사용할 줄 아는 사람

case 3

문단 1: 이성을 갖추는 시기가 되기 전까지 아이는 도덕적 관념에 대해 이해하기 어렵다. 그러므로 이런 관념을 나타내는 말을 아이에게 사용해서는 안 된다.

문단 2: 토론을 통해 아이를 이성적 존재로 만들려고 하는 것은 잘못이다. 이는 교육의 목표인 이성을 교육의 수단으로 사용하는 잘못이기 때문이다.

문단 4: 열 살 정도의 나이에는 이성적 판단이 가능하지 않다. 선과 악을 구분하고 여러 가지 의무를 지켜야 하는 이유를 가르치는 것은 그 나이에 걸맞지 않다. 아이들에게는 사물을 보고 생각하고 느끼는 특유의 방법이 있다. 따라서 어른의 방법을 가르치려 하는 것은 분별없는 짓이다.

case 4

교육자가 해서는 안 되는 것

① 도덕적 존재나 사회적 관계에 대한 관념을 아이에게 말해서는 안 된다.

② 아이와 함께 토론을 해서는 안 된다.

③ 도덕적 관념에 관해 아이가 알아듣지 못하는 말을 해서는 안 된다.

④ 어른 특유의 보는 법, 생각하는 법, 느끼는 법을 아이에게 가르치려 해서는 안 된다.

교육자가 해야 하는 것

① 아이가 사물에 의해 감각적 자극을 받는 시기에는 감각적 세계만 볼 수 있게 해 주
   어야 한다.

② 아이가 어른이 되기 전까지는 아이로 있게 하라.

철학자가 들려주는 철학이야기 033

가다머가 들려주는 선입견 이야기

저자_최지윤
고려대학교 철학과 박사 과정을 수료하였고, 어린이철학연구소 강사 및 교재
집필을 했으며, 현재 대진대학교에 출강하고 있다.

가다머의 '선입견'

1. 정신과학적 진리

2. 해석의 역사성, 해석학적 순환

3. 경험의 중요성

4. 선입견

5. 영향사 의식

6. 지평 융합

7. 해석학의 언어성

가다머의 '선입견'

1 정신과학적 진리

가다머는 과학적 방법과 구분되는 진리가 있음을 주장하고 그 진리가 어떻게 획득되는가를 밝히고자 했다. 근대의 학문 이론은 진리 발견을 위한 방법을 연구하고 반성하는 것이지만, '철학적 해석학의 근본 특징들' 이라는 부제가 붙은 《진리와 방법》에서 가다머의 관심사는 진리가 방법에 의해서가 아니라 이해에 의해서 얻어지는 것이다. 그는 정신과학은 바로 이런 진리를 탐구해야 한다고 주장했다. 가다머가 제시한 철학적 해석학은 역사학이나 미학의 보조적인 학문으로서의 해석학이 아니라 미학과 문학을 비롯한 모든 정신과학이 필요로 하는 해석학을 말한다. 이 책에서 그는 자연과학적 진리와 대비되는 정신과학적 진리가 무엇이며, 이것이 어떤 방식으로 확보되었는지를 해명하였다.

2 해석의 역사성, 해석학적 순환

가다머는 진리란 인간과 세계에 대한 본질적인 경험이고, 이러한 경험은 언어와 역사를 통해 접근할 수 있다고 말한다. 모든 예술 작품이나 문헌들은 이러한 언어적 · 역사적 경험들의 표현이다. 그리고 이러한 표현들에 대한 해석은 인간 자신의 역사성에 의해 이루어진다. 여기서 말하는 역사성이란 과거의 경험을 수용하면서 현재의 자신을 새롭게 하고, 새로워진 자신에 의해 과거의 경험을 다시 새롭게 수용하는 것을 말한다. 그런데 이러한 해석 과정은 한번에 완결되는 절대적인 해석일 수 없으며 현재와 과거 사이의 상호적인 관계를 통해 정당성을 보장해 나아가는 방식으로 진행되어야 한다. 이를 해석학적 순환이라고 부른다.

❸ 경험의 중요성

가다머는 역사의 경험이 역사적 지식에 이른다는 점에 동의한다. 그러나 해석학적 경험을 깊이 탐구함에 있어서 그는 이전까지의 경험을 바라보는 사고방식을 뒤집고 있다. 가다머는 지식으로부터 경험을 파악하지 않고, 오히려 경험으로부터 지식을 파악하는 방법을 택한다. 이전의 철학에서 경험의 목적은 지식을 만들어 내는 것이라고 말한다. 따라서 경험을 통해 어떤 개념을 만들어 내고 그 개념을 통해 우리는 예측을 한다. 예를 들어 다양한 새의 모습을 경험하면서 우리는 '새'라는 개념을 만들고 그로부터 직접 대상을 보지 않더라도 '뻐꾹새'라는 말을 통해 그 특징들을 예측해 낼 수 있다. 그런데 가다머는 경험의 본질이 부정이라고 말한다. 즉 우리는 규칙성, 예측 가능성을 기대하지만 실제 우리가 겪는 것은 불규칙성과 예측 불가능성이라는 것이다. 경험이 부정 속에 놓여 있다면, 그것이 부정하는 것은 바로 우리의 개념들이다. 이러한 면에서 개념적 지식은 경험의 목표나 목적이 아니라 오히려 경험과 맞서는 상대이다. 그래서 가다머는 경험의 목적은 지식이 아니라 경험 자체에 있다고 주장한다. 즉 경험의 목적은 어떤 것을 아는 데 있는 것이 아니라 예측할 수 없었던 어떤 것을 어떻게 다루느냐를 아는 것에 있다. 완전한 경험이 있다는 것은 모든 것을 안다는 것이 아니라 새로운 경험을 갖고 이로부터 배울 준비가 되어 있음을 뜻한다. 경험 있는 사람은 겪음을 통해 배운다. 그가 배우는 것은 어떤 특별한 것이 아니라, 모든 계획과 예언의 불확실성, 미래를 통제하려는 모든 시도의 좌절, 개념화 하려는 시도의 실패, 경험의 무한한 과정이다.

4 선입견

과학적 지식은 이성에 의한 합리적 방법으로 얻어지는 것이고, 이는 모든 학문이 따라야 하는 방법처럼 받아들여져 왔다. 따라서 객관적인 이성을 통해 지식을 쌓아나가야 한다는 이성주의의 관점에서 선입견은 부당한 것이고 버려야 하는 것이다. 그러나 가다머는 모든 이해는 편견적이라는 입장에서 시작하고 있다. 가다머는 '정당한 선입견' 을 말하면서 이성과 반대되는 것으로서의 선입견에 대한 부정적 이미지를 극복해야 한다고 주장한다. 또한 우리가 갖고 있는 이성이란 현실적인 역사적 이성일 뿐이라고 말한다. 오히려 선입견이 진리를 파악하기 위해 방해가 되는 것이 아니라 진리를 파악하고 세계에 대한 참된 이해에 도달하는 데 필수불가결한 요소라고 그는 주장한다.

5 영향사 의식

대상을 해석하기 위해 선입견에서 출발할 수밖에 없다는 가다머의 주장은 결국 과거와 현재가 항상 상호 작용할 수밖에 없다는 말로 바꿔 이해할 수 있다. 가다머는 일치와 차이를 통일해 나가는 과정에서 이해하고자 하는 대상이 '나'의 일부분이 되어 대상과 내가 서로를 이해해 가는 모습을 영향사라는 주제에서 다루고 있다. 즉 현재의 나에게 나타나는 영향사의 의식이 어떻게 출현하였으며, 그 내용이 무엇인가를 서술하였다. 영향사 의식이란 현재는 단순한 현재가 아니라 과거의 영향 아래 놓인 현재이고 현재를 살아가는 우리는 스스로 과거로부터 전해오는 것들을 이어받고 있다는 것을 의식하고 있음을 말한다. 영향사적 의식은 특히 역사적 전통에 대한 이해를 요구한다. 해석학적 의식은 개방성을 갖는 데 여기서 개방성이란 새로운 경험에 대해 열려 있음을 말한다. 해석학적 의식의 개방성은 여전히 전통으로부터 배울 것이 있다는 역사학자의 앎 속에 놓여 있다. 그래서 해석학적 의식의 개방성은 경험에 대한 개방성, 특히 이 경우에는 경험 있음을 일반적으로 특징짓는 해석학적 경험에 대한 개방성을 포함하고 있다. 그 반대로 역사학적 의식(역사주의)은 경험에 대해 개방적이지 않으며, 따라서 과거에 대한 탐구를 통해 새로운 경험을 얻을 수도 없다.

6 지평 융합

가다머는 "이해란 어떤 개인의 주관적인 행위라기보다는 과거와 현재가 끊임없이

용해되어 가고 있는 전통 안에 자기 스스로를 정립시키는 것으로 생각할 수 있다"라고 말한다. 즉 이해란 역사적 상황 속에서의 과거와 현재의 끊임없는 대화이며 만남인 것이다. 대화는 한 이해의 지평과 다른 이해의 지평과의 융합이라고 할 수 있다. 우리는 자신들의 지평을 끊임없이 확대하면서 다른 사람의 지평을 융합해 나아간다. 즉 이해가 일어날 때는 지평들의 융합이 이루어지게 마련이며, 과거와의 만남 속에서 또 우리의 편견을 비판적으로 반성하는 과정 속에서 이해는 끊임없이 형성된다.

7 해석학의 언어성

해석학의 대상이 되는 것은 언어이다. 그런데 이해되는 것, 해석된 대상만이 언어 속에 놓여 있는 것이 아니다. 이해 자체가 하나의 언어적 과정이라고 할 수 있다. 여기서 가다머는 쓰여 있는가에 상관없이 이해의 언어적 본성에 관심을 둔다. 읽기에 의해 우리는 과거의 한 순간에 직접 접근한다. 이것은 단편을 통한 부분적 접근이 아니라 전체에의 접근이다. 예를 들어 과거 역사적 사실을 기록한 역사서, 구체적으로 고구려에 대해 알 수 있는 고구려 역사서가 발견되었다고 해 보자. 이 경우 과거 우리 역사를 기술한 고구려사는 오늘날 우리가 해석해야 하는 하나의 대상이 된다. 그런데 이 해석은 독자에 의존한다. 즉 해석은 누구의 해석도 아닌 해석하는 당사자, 오늘을 사는 우리의 해석인 것이다. 구체적으로는 그 문헌을 접한 역사학자나 특정 개인의 해석이다. 그런데 이 해석이 철학적 해석이 되기 위해서는, 즉 진정한 이해에 도달하기 위해서는 과거의 용어들이나 표현들을 오늘날의 용어나 표현으로 단순히 대체해서는 안 될 것이다. 이는 과거를 현재에 종속시키는 것으로 오해를 불러일으킬 수 있다. 그러나 과거로 돌아가는 것도 이해에 이르는 것은 아니다. 올바른 이해를 가능케 하는 대안은 지평들의 융합인데, 이것들은 언어들의 융합이기도 하다. 우리가 알지 못하는 어떤 것을 텍스트로 하여금 발언할 수 있게 해 주는 것이 바로 그러한 과정이다. 해석학은 언어의 표현 능력을 확대하고 논의 영역을 확장하는 과정이다. 해석학을 통해 언어는 이전에는 말할 수 없던 것을 말할 수 있게 된다.

01강 정신과학의 목표는 이해에 도달하는 것

근대 자연과학의 성공으로 많은 이들이 세계를 설명하는 방식은 오직 한 가지 방식으로 통합될 수 있다고 말한다. 즉 물리학처럼 모든 현상들을 원인과 결과라는 인과적 관계로 파악할 수 있다는 것이다. 이러한 인과적 설명 방식은 과학적 설명 방식으로써 일반 법칙에 의해 현상들을 설명하고 예측해 낼 수 있다. 그런데 자연에 대해 아는 것과 인간과 사회에 관해 아는 것이 과연 같은 방법으로 이루어질 수 있을까?

이러한 입장에 반대한 사람들이 있다. 예를 들어 딜타이와 같은 철학자는 자연과학의 목적은 설명하는 데 있고, 역사학의 목적은 현상을 이해하는 데 있다고 말하고 있다. 그리고 이해의 방법이 적용되는 영역을 도덕과학 또는 정신과학이라고 했다. 인간과 사회에 관한 올바른 탐구는 자연에 관한 탐구와 마찬가지로 증명할 수 있는 증거와 자료에 기초하여 세운 일반 법칙에 의해 설명될 수 없다는 것이다. 인간은 본질적으로 자유의지를 가진 존재이고 인간에 대한 탐구는 통제된 실험이 불가능하다. 따라서 인간과 사회를 탐구하는 학문 분야에 있어서는 인과적 설명이 아니라 해석을 통한 이해에 도달하는 방식이어야 한다.

생각 쓰기

이해는 세계에 대한 인간의 실제적인 관계에만 해당하는 것이 아니라 학문 내에서도 독자적인 타당성을 갖는다. 정신과학 연구의 관심사는 과학적 방법론의 지배 영역을 넘어서서 진리의 경험을 찾아내고 고유한 정당성을 탐구하는 것에 있다. 가령 정신과학은 과학과 외적인 경험 방식들, 즉 철학과 예술에 대한 경험 그리고 역사 자체의 경험과 밀접한 관계가 있다. 이 모든 것은 과학의 방법적 수단으로서는 도저히 검증할 수 없는 진리가 드러나는 경험 방식들이다.

철학에서도 플라톤이나 아리스토텔레스, 칸트, 헤겔과 같은 철학자의 통찰에 대응하여 자신의 철학적 통찰이 열등할 수도 있음을 인정해야 하는 것에 반발심을 가질 수도 있다.

우리는 세계적으로 유명한 위대한 사상가들의 주장이 담겨 있는 문헌을 이해하는 과정에서 그 외 다른 길로는 도달할 수 없는 진리를 인식한다는 사실을 알아야 된다. 비록 이러한 사실이 학문이 기준으로 삼고 있는 연구와 진보라는 기준에 반하는 가치를 지향한다고 해도 마찬가지이다.

이는 예술의 경험에도 유사하게 적용된다. 이른바 예술학이 수행하는 학문적 연구는 자신이 예술의 경험을 대신하거나 능가할 수 없다는 사실을 처음부터 의식하고 있다. 다른 방식으로는 결코 도달할 수 없는 진리를 예술 작품에서 경험할 수 있는데, 이러한 사실은 이성적 탐구에 대항하는 예술의 철학적 의미를 형성하기에 충분하다. 이렇게 예술의 경험은 철학의 경험과 더불어 과학적 의식의 한계점을 드러내 준다.

– 가다머의 《진리와 방법》 서문 참고

주요 개념 및 배경 지식

1 과학적 방법론

과학적 방법론이란 세계의 현상을 설명하는 것을 목적으로, 일반 법칙과 인과 관계에 의해 개별 현상들을 설명하는 지적인 탐구 방식을 말한다.

2 방법론적 일원론

방법론적인 일원론은 모든 지적인 탐구가 하나의 방법으로 통합될 수 있다는 이론을 말한다.

3 딜타이(Wilhelm Dilthey, 1833~1911)

딜타이는 독일의 비브리히에서 태어나 하이델베르크대학과 베를린대학에서 공부하고 베를린대학의 교수를 지냈다. 자연과학과 대비되는 정신과학의 영역을 확고하게 만들었고 칸트의 비판 정신의 영향을 받아 역사적 이성의 비판을 주장했다.

4 칸트(Immanuel Kant, 1724~1804)

칸트는 동프로이센의 쾨니히스베르크에서 태어난 독일의 유명한 철학자이다. 1781년 《순수 이성 비판》을 발표하였고 이후 《실천 이성 비판》, 《판단력 비판》을 발표하였다. 《순수 이성 비판》으로 시작된 칸트의 비판 철학은 경험론과 합리론을 비판하면서 오랫동안 계속된 근대 철학의 논쟁과 대립을 종합하여 근대 자연과학의 결실과 합치될 수 있는 철학의 기초를 닦았다. 칸트의 사상은 이후 피히테, 셸링, 헤겔로 이어지는 독일 관념론에서부터 신칸트학파와 현대 주요 철학에 이르기까지 철학사에 지대한 영향을 끼쳤다.

5 헤겔(Georg Wilhelm Friedrich Hegel, 1770~1831)

헤겔은 독일의 유명한 철학자로 슈투트가르트에서 태어나 튀빙겐 신학대학에서 공부했고, 젊은 시절에는 시인 횔덜린과 교류하고 다섯 살 어린 동료 셸링과 철학적 영향을 주고받았다. 그러나 나중에는 독자적인 사상을 전개하여 칸트에서 출발한 독일 관념론을 완성했다.

02강 해석학적 순환이란 무엇인가?

case 1 다음 글은 문헌을 해석하는 데 있어 하나의 올바른 해석이 있는 것인가의 문제를 다루고 있다. 과연 해석자는 저자와 해석자 사이의 거리를 뛰어넘어 진정으로 저자가 말하고자 하는 바를 올바르게 해석할 수 있는지 이에 대한 견해를 제시해 보시오.

위대한 철학자들의 사상이나 과거 역사에 대해 우리가 알 수 있는 한 가지 방법은 남겨진 텍스트(문헌)를 읽는 것이다. 물론 저자를 직접 만나 대화하고 눈으로 과거 역사적 사실을 확인할 수만 있다면 읽기에 따른 오해를 피할 수 있을 테지만 그것이 불가능한 것이 사실이다. 해석자와 저자 사이의 거리를 메우고 진정으로 저자가 의도한 바를 우리는 알 수 있을까?

어떤 사람들은 철저하게 문헌의 문장들을 분석하고 저자의 의도를 파악함으로써 저자가 말하고자 하는 바를 알아낼 수 있다고 말한다. 그런 사람들은 꼼꼼하게 문헌을 읽고 또 읽는다. 그러나 저자와 해석자 사이의 시대적인 거리를 과연 뛰어넘을 수 있을지 의문이다. 만약 문헌을 철저하게 파악할 수 있다고 한다면 그것은 하나의 올바른 해석이 있다는 말이 된다.

우리는 어떤 문헌을 접할 때 선(先)이해를 갖고 본다. 즉 선입견을 기초로 해서 읽는 것이다. 예를 들어 가다머의 《진리와 방법》을 읽기 전에 우리는 가다머가 어떤 주

"

장을 한 사람이고 이 책이 어떤 내용을 담고 있는지에 대한 선이해를 갖고 있다. 이와 마찬가지로 문헌 전체에 대한 이해는 부분 문장들의 이해를 위한 토대가 된다. 또한 부분 문장들에 대한 이해는 전체에 대한 이해를 수정하고 지지하게 한다. 다시 말해 부분에 대한 이해와 전체에 대한 이해는 서로 맞물리는 순환 관계에 있다는 것이다.

모든 인간은 각자의 조건과 과거 경험에서 벗어날 수 없다. 이해란 역사 속에서 이루어지며 역사적인 제약을 받는다. 그런데 이러한 해석자의 유한성이 어떤 결핍 상태, 극복되어야 할 부족한 상태는 아니다. 인간이 역사적인 존재라는 것, 자신이 처한 상황과 과거 경험들에 제약되어 있다는 것은 오히려 이해라는 것이 결국 역사성을 가질 수밖에 없다는 것을 말한다.

이로부터 우리는 하나의 절대적인 해석이란 있을 수 없다고 말할 수 있다. 오히려 해석자로서 우리는 자신과 자신을 둘러싼 세계에 대한 이해를 가지고 해석 할 수밖에 없으며 그 해석은 유한성을 갖는다. 이해 자체가 갖는 역사성 때문에 이해 역시 역사적인 변화와 더불어 움직이는 하나의 운동이라 할 수 있다.

생각 쓰기

"가다머는 정당한 선입견과 정당하지 못한 선입견을 구별했어. 우리가 얘기한 전통을 생각해 보면, 전통이 인습과는 다른 것처럼 말이야. 인습은 아까 말한 남자가 여자보다 중요하다는 생각들처럼 비판이나 반성 없이 수용된 것들이지만, 전통은 오랜 시간 동안 사람들에 의해서 비판되고 재해석되어 전해 내려온 거야. 권위도 마찬가지로 맹목적인 복종하고는 다르지. 권위는 자발적인 참여로 생겨나는 것이고 복종은 힘에 의해 끌려가는 것이니까."

"아, 그러니까 전통이나 권위는 정당한 선입견이고, 인습이나 맹목적인 복종은 정당하지 못한 선입견이라는 거지?"

"그래 맞아. 그래서 가다머는 정당한 선입견은 우리가 무언가를 이해할 때 전제조건으로서 도움을 준다고 했어."

익태와 예란이의 이야기를 들으며 아빠는 눈이 반쯤 감겼습니다. 장거리 운전으로 피곤하셨던 모양입니다. 그래도 아빠는 익태와 예란이의 이야기를 놓치지 않고 들으려고 눈을 꼭 감았다 다시 뜹니다.

"그런데 오빠, 전에 가다머가 절대적인 것은 없기 때문에 대화를 통해 의견 차이를 좁혀야 한다고 말했댔잖아. 그럼 정당한 선입견과 정당하지 못한 선입견을 어떻게 구별하지?"

"그 두 가지를 가려내는 방법은 바로 우리의 비판적 이성의 힘에 의해서지."

오빠는 비판적 이성이라는 말을 하며 검지로 예란이의 머리를 가리킵니다.

– 《가다머가 들려주는 선입견 이야기》 중에서

생각 쓰기

주요 개념 및 배경 지식

1 텍스트

'텍스트' 는 용어 그대로 주석이나 번역, 서문 및 부록 등에 대한 본문이나 원문을 뜻하는 것으로 여기서는 해석의 대상으로서의 읽기 자료를 말한다.

2 초월

초월이란 일반적으로 어떤 영역을 넘어서는 것, 혹은 넘어선 맨 앞의 것을 말한다. 또한 우리의 경험 세계 바깥에 존재하는 것, 즉 인간의 의식 바깥에 존재하는 것을 뜻하기도 한다. 여기서는 인간의 모든 조건, 역사성을 뛰어넘어 객관적으로 존재하는 것이란 의미로 사용되었다.

3 전통/관습/인습

전통이란 넓은 의미로 과거부터 전해진 문화유산을 뜻한다. 즉 단체나 국가 혹은 가문 등에서 과거로부터 전해져 내려오는 물건이나 음식, 사고, 상징물 등이 모두 여기에 포함된다. 그런데 전통에는 그 권위를 인정받는 것이 있고 비판받는 것이 있다. 현재 우리의 생활 모습을 살펴보면 과거부터 형성되어 전해 내려오는 사회적인 습관, 즉 관습이 있는데 그중에는 정당성이 의심되거나 부정되는 관습이

있다. 우리는 이러한 관습을 인습이라고 부른다. 사회 구성원들이 왜 그래야 하는
가에 대한 정당한 이유를 찾지 못하고 그저 예전부터 전해 내려오는 것이기 때문
에 따라야 하는 부정적인 전통을 인습이라고 한다.

03강 과거와 현재의 대화

case 1 다음 글을 참고하여 '영향사 의식'이란 무엇을 말하는 것인지 설명하고, 이에 대한 예를 제시해 보시오.

"그렇지. 데카르트는 모든 것을 의심하고, 생각한 후에 확실한 것만을 믿어야 한다고 했어. 하지만 가다머는 그러한 생각에 비판적이었지. 전통이나 역사, 사람들의 경험 같은 것들이 언제나 확실한 것은 아니잖아? 그런데 데카르트처럼 생각하면 그런 것들을 모두 무시하게 되는 거니까 말이야. 이것이 바로 가다머의 해석학이야."

"음…… 오빠, 전에 승준이가 반장이 되고, 학생회장 후보가 된 데에는 다 그럴 만한 이유가 있어서 된 거라는 얘기도 했었잖아."

예란이는 힘들게 승준이의 이야기를 꺼냅니다. 오늘 본 승준이의 모습에 전에 오빠에게 들었던 이야기가 계속 생각이 났기 때문입니다.

"아, 과거가 현재에 영향을 미치고 있다는 얘기? 그걸 좀 어려운 말로 뭐라고 하는지 가르쳐 줄까?"

"응!"

"영향사 의식."

"영향사 의식?"

"그래, 현재란 단순히 현재가 아니고 과거에 의해 전해진 현재라는 거야. 그러니까 현재란 과거의 축적이라고 할 수 있지. 그런데 요즘 사람들은 과거를 돌아볼 여유가 없이 사니까 현재에만 집착을 하는 거고, 정신없이 앞만 바라보며 사는 거야. 하지만 과거가 없는 현재와 미래란 없는 법이야."

예란이는 오빠의 말에 전적으로 공감한다는 뜻으로 고개를 끄덕입니다.

– 《가다머가 들려주는 선입견 이야기》 중에서

생각 쓰기

현대사회의 화두는 대화와 토론이다. 다양한 의견을 살펴보고 수렴할 필요가 없었
던 지시와 복종의 시대는 지났다. 그만큼 사회의 다양성이 확대되고 있고, 따라서 이
를 통합해 가는 사회적인 능력이 요구되고 있다. 대화와 토론의 중요성은 가정, 사회,
정부 등에서도 이미 더 강조할 필요가 없을 정도이다. 구체적으로 가족 간의 대화와
토론에 있어 성공적인 사례를 살펴보자.

존 F. 케네디 대통령은 대화와 토론의 수혜자이다. 케네디 아버지는 아이들이 어떻
게 하면 국가의 장래를 생각하도록 훈련시키느냐에 관심을 두었다. 그리고 식사 시간
을 활용하여 정치, 사회 문제들에 대한 토론을 유도했다. 이런 과정을 통해 케네디가
의 자녀들은 자연스럽게 정치 및 사회 문제에 관심을 갖게 되었으며, 각자 자신만의
견해를 세우고 다른 사람에게 자신의 의견을 효과적으로 설득하는 능력을 갖춰 나갔
던 것이다. 뿐만 아니라 가족 간의 대화와 토론의 장이 열림으로써 가족 구성원 상호
간의 이해가 마련되었다.

오늘날 우리 사회가 안고 있는 노사 간의 갈등, 여당과 야당의 갈등, 세대 간의 갈등
등 모든 갈등의 근본 원인은 대화와 토론의 부족 때문이라고 할 수 있다. 거창하게 사
회 문제를 논하기에 앞서 부부간의 대화, 자녀들과의 대화 등이 출발점이라는 것을 알
아야 한다. 그리고 올바른 대화와 토론의 자세는 반성적인 자세가 수반되어야 한다.

즉 대화와 토론을 할 때 나와 의견이 다른 상대방의 생각은 무조건 틀리고 내 생각만이 절대적으로 옳다는 식의 생각에서 벗어나야 한다. 나도 틀릴 수 있고 상대방도 틀릴 수 있다는 생각은 상대방의 생각을 긍정적으로 수용할 수 있도록 해 주고, 이러한 수용 과정은 반성적 사고를 통해 얻어진다. 이것이야말로 올바른 대화와 토론의 자세이다.

주 요 개 념 및 배 경 지 식

존 F. 케네디(John Fitzgerald Kennedy, 1917~1963)

존 F. 케네디는 미국의 35대 대통령으로 매사추세츠 주에서 아일랜드계 대부호의 차남으로 태어나 하버드대학에서 정치학을 공부했다. 그의 학위 논문《영국은 왜 잠자고 있는가》(1940)는 현지에서 베스트셀러가 되기도 하였다. 일본군이 진주만을 기습한 뒤 해군에 자원입대해 전쟁 영웅이 됐으며, 대통령으로 취임한 후 대대적인 호응을 얻었지만 1963년 암살당했다.

case 1 다음 글을 살펴보면 예란이이는 자신과 다른 의견을 가진 사람들과는 대화할 필요성을 느끼지 못하고 있다. 여러분은 예란이의 생각에 동의하는가? 동의하지 않는다면 그 이유는 무엇인지 자신의 의견을 말해 보시오.

계란 아냐!: 메일 읽었구나. 그런데 한승준 때문에 정말 짜증나. 어쩌다 그런 애랑 같이 후보가 됐는지……바보 같은 정은이도. 남자애들도 다!

멋진 오빠: 예란이는 승준이나 몇몇 친구들이 한 얘기가 다 틀린 얘기라고 생각해서 화가 난 것 같구나. 그 친구들이 왜 그런 생각을 갖게 되었는지에 대해서는 생각해 봤니?

계란 아냐!: ……삐죽.

멋진 오빠: 하하! 우리 예란이가 단단히 화가 나긴 했나 보구나. 하지만 예란아, 친구들의 생각이 나와 다르다고 해서 내 말만 옳다고 주장하는 건 바람직한 태도가 아닌 것 같은데? 나의 생각에 틀린 점이 있을 수도 있고, 친구의 생각에도 옳은 점이 있을 수 있는 거잖아. 그래서 대화라는 것이 필요한 거야. 서로 다른 생각이라고 해서 무조건 무시할 것이 아니라 상대방의 생각을 해석하고 이해하려는 노력이 필요한 거지. 그래서 서로 다른 생각들이 모여 그 차이를 좁혀 나가는

것이 필요한 거야. 예란이 아직도 삐짐?

계란 아냐!: ……뭐, 오빠 말이 틀렸다는 건 아니야. 하지만 아무리 대화를 해도 누가 옳고 그른지를 어떻게 알겠어? 어차피 모두 자기 말만 옳다고 할 텐데. 수학 문제처럼 정답이 있는 것도 아니잖아.

멋진 오빠: 야, 우리 예란이 오빠처럼 철학 공부 하고 싶다더니 꼬마 철학자 같은 소리를 하네. 하하!

– 《가다머가 들려주는 선입견 이야기》 중에서

생각 쓰기

"그런데 오빠, 전에 가다머가 절대적인 것은 없기 때문에 대화를 통해 의견 차이를 좁혀야 한다고 말했댔잖아. 그럼 정당한 선입견과 정당하지 못한 선입견을 어떻게 구별하지?"

"그 두 가지를 가려내는 방법은 바로 우리의 비판적 이성의 힘에 의해서지."

오빠는 비판적 이성이라는 말을 하며 검지로 예란이의 머리를 가리킵니다.

"비판적 이성은 과거와 현재의 지평을 연결해 주는 역할을 해. 예란이는 지평이 무슨 뜻인지 아니?"

예란이는 고개를 젓습니다.

"예란이에게는 예란이의 지평, 오빠한테는 오빠의 지평, 아빠한테는 아빠의 지평, 엄마한테는 엄마의 지평이 있어."

오빠의 말은 갈수록 어려워집니다.

"스무 고개도 아니고 뭐야! 난 그런 거 안 가지고 있는데."

예란이가 톡 쏘듯이 말하자 아빠도 오빠도 크게 웃습니다.

"그건 아빠가 설명해 줄 수 있을 것 같은데? 사람들은 각자 살아가면서 경험을 쌓지? 그렇게 쌓인 경험들이 자신의 의견이 되는 거고. 바로 그런 경험들의 특징을 지평이라고 하는 거야. 어떠냐, 익태야? 아빠 말이 맞냐?"

아빠는 어린아이가 스무 고개를 맞추고 기뻐하는 것처럼 흐뭇하게 웃으며 익태를 처다봅니다.

"하하하, 네 맞아요, 아빠. 바로 비판적 이성이 하는 일이 과거와 현재의 지평을 연결해 주는 것이에요. 현재의 지평에서 과거를 비판적으로 해석하고 현재의 지평을 확대하는 일이 비판적 이성이 하는 일인 거죠."

"한마디로 과거와 현재의 대화라고 할 수 있겠구나."

"그렇죠. 비판적 이성을 가져야만 이해를 할 수 있고, 비판적 이성을 갖지 못하면 정당하지 못한 권위나 인습에 의존하게 되는 거죠."

– 《가다머가 들려주는 선입견 이야기》 중에서

생각 쓰기

1 지평 융합

가다머는 한 사람 한 사람이 쌓은 경험을 '지평'이라고 부른다. 왜냐하면 우리의 경험이란 끝없이 펼쳐진 수평선처럼 과거와 현재가 하나로 이어져 생긴 것이기 때문이다. 그래서 가다머는 비판적 이성이 과거의 지평과 현재의 지평을 연결해 주는 역할을 한다고 말한다. 그리고 대화는 서로 다른 이해의 지평 간의 융합이라고 할 수 있다. 우리는 자신들의 지평을 끊임없이 확대하면서 다른 사람의 지평을 융합해 나아간다. 그리고 이로써 우리는 다른 사람에 대한 이해에 도달해 나아가는 것이다.

2 비판적 이성

옳고 그름을 따질 수 있는 분별력, 그 정당성을 판단할 수 있는 능력은 비판적 이성을 통해 이루어진다. 비판적 이성이란 무조건적인 비난도 아니며, 무조건적인 복종이나 수용도 아니다. 비판적 이성이란 반성적으로 생각하고 장점과 단점을 모두 고려하여 수용할 것과 버릴 것을 구분하는 능력이다.

아비투어 철학 논술

예시 답안

case 1 제시글에서는 자연을 탐구하는 학문 분야인 자연과학과 인간과 사회에 대해 탐구하는 학문 분야, 즉 정신과학은 그 목적과 방법이 다르다고 말하고 있다. 자연과학은 세계의 현상들을 설명하는 것을 목적으로 하고 정신과학은 이해를 목표로 한다. 따라서 연구 방법에서도 차이를 보인다. 자연과학은 설명과 예측을 위해 일반 법칙을 찾아내고 인과관계로 설명하는 과학적 방법을 사용하는 반면, 정신과학은 이해를 위해 해석이란 방법을 사용할 수밖에 없다.

이러한 구분은 사회과학의 방법론 논쟁에서 중요한 위치를 차지하고 있다. 방법론적 일원주의라고 불리는 입장에서는 자연과학이나 정신과학 모두 과학적 방법론으로 통합될 수 있다고 본다. 또 근본적으로는 물리학으로 환원될 수 있다고까지 보고 있다. 반면에 방법론적 이원론자들은 자연과학과 정신과학은 그 대상과 목표가 다르기 때문에 방법적으로 다를 수밖에 없다고 주장한다. 한쪽이 다른 쪽보다 더 우월하거나 환원되는 관계에 있는 것이 아니라고 보는 것이다.

case 2 가다머는 《진리와 방법》이라는 책을 통해서 과학주의나 객관주의의 방법론으로 접근할 수 없는 경험의 세계를 찾고, 그러한 경험적 세계에서도 진리와 앎이 얻어질 수 있음을 보여 주고자 했다. 이것은 이해의 현상, 즉 정신과학적 경험 안에 있는 진리와 인식을 말하는 것이다. 다시 말해 가다머는 근대 이래의 과학과 기술에 의해 학문적 진리의 영역에서 추방되었던 정신과학적 경험을 통한 진리 문제

를 다시 거론하여 나름대로의 가치와 의의를 조명해 보고자 하였다. 이를 통해 가다
머는 철학의 경험과 더불어 예술의 경험이 과학적 의식이 갖는 한계를 밝힐 수 있는
등불이 될 수 있다고 여겼다.

주 제 탐 구 **02** 강 해석학적 순환이란 무엇인가?

case 1 제시글은 해석 대상인 텍스트를 이해하는 하나의 올바른 해석이 있을 수
있는가에 대해서 논하고 있다. 하나의 올바른 해석이 있다면 그것은 해석
자 개개인들의 모든 조건, 경험을 초월한 것이어야 한다. 즉 각 개인들의 유한성을 뛰
어넘은 절대적인 해석, 누구나 옳다고 여기는 해석이어야 한다는 말이다. 그러나 가다
머는 정말로 해석자가 자기 자신에게서 빠져나와 자신을 저자로 변형시킴으로써 저
자의 정신적 과정을 파악할 수 있는가를 묻는다. 즉 저자와 해석자 간의 시대 간격을
뛰어넘을 수 있는가를 묻는 것이다. 가다머는 해석자란 각자의 유한성, 역사성(시대
상황, 조건, 과거 경험)을 바탕으로 한 선입견을 갖고 해석할 수밖에 없고, 하나의 고
정되고 절대적인 해석은 없다고 말한다. 즉 모든 해석은 선입견을 갖고 이루어지는
것이며 모든 이해 역시 하나의 역사적 사건이라고 보는 것이다. 따라서 이해는 또 다
른 이해로 이어지고 역사적 변화와 더불어 움직이는 하나의 운동이라고 할 수 있다.
즉 절대적이고 고정된 단 하나의 해석은 없다는 말이다.

가다머는 정당한 해석이 되기 위해서는 먼저 정당한 선입견을 가지고 들어가야 한다고 말한다. 정당한 선입견이란 전통을 무비판적으로 반성 없이 받아들이는 것이 아니라 반성 작업을 통해 올바르지 않은 선입견을 수정하고 깨는 데서 만들어진다. 즉 익태의 말처럼 우리가 권위를 부여할 수 있는 긍정적인 의미에서의 전통과 부정적인 의미에서의 인습을 구별할 수 있는 것은 그것이 반성을 통해 받아들여진 것인지, 혹은 반성 없이 무조건 따르는 것인지를 구별하기 때문이다. 예를 들어 부모에 대한 효도와 어른에 대한 공경 등은 오늘날 우리 역시 따라야 할 권위를 갖는 전통이다. 반면 집안일은 여자만 해야 한다든지, 동성동본끼리는 결혼하면 안 된다는 것 등의 관습은 폐기되어야 할 낡은 인습이라고 할 수 있다. 이렇듯 오랜 기간 동안 사람들에 의해 비판되고 재해석되어 내려온 것으로 긍정적인 면모를 보이는 게 전통이라면, 인습은 이러한 비판 과정을 통해 폐기되어야 할 대상을 지칭한다.

주 제 탐 구 **03**강 과거와 현재의 대화

가다머는 '영향사 의식'을 통해 일치와 차이를 통일해 가는 과정을 다루며 이해하고자 하는 대상이 '나'의 일부분이 되어, 나와 대상이 맺고 있는 관계를 이해할 수 있도록 도와준다. 즉 현재의 나에게 나타나는 영향사의 의식이 어떻게 나타났고, 그 내용이 무엇인가를 밝혀 주는 것이다. 영향사는 이해의 적극적이고 생산적인 가능성을 말한다. '영향사 의식'이란 현재는 단순한 현재가 아니라 과거의 영향 아래 놓인 현재이고, 현재를 살아가는 우리는 과거에서 전해 오는 것들을 이어받고 있다는 것을 의식하고 있음을 알려 준다. 또한 영향사적 의식은 해석학적 경험들, 특히 역사적 전통에 대한 이해를 요구한다. 이는 개인의 문제일 수도 있고 사회의 문제일 수도 있다. 예를 들어 2002년 월드컵 당시 '붉은 악마'들이 광화문 일대를 가득 메우고 태극전사들을 응원했던 사건을 떠올려 보자. 이때 한국인의 응원 열기는 전 세계를 감동시킨 일대 사건이었다. 이러한 현상을 이해하기 위해 우리는 현재의 우리 모습에 영향을 미친 과거의 역사를 알아야 하고, 이를 의식해야 한다. 이를 통해 당시 사건에 대해 좀 더 확실하게 이해할 수 있을 뿐만 아니라 과거 탐구를 통해 현재의 우리 모습에 대해서도 새롭게 이해할 수 있는 계기를 마련할 수 있다.

case 2 모든 갈등은 상호간의 이해 부족에서 생겨나게 마련인데 상대방의 생각을 완벽하게 이해하기 위해서는 부단한 노력이 필요하다. 현대사회가 안고 있는 고질병과 같은 문제들이 해결되지 않고 계속해서 문제되는 이유는 우리의 사고 속에 일종의 편견이 자리 잡고 있기 때문이다. 편견을 반성 없이 고수할 때, 즉 자신만의 생각이 절대적으로 옳다고 믿을 경우, 모두가 어울려 살아가는 세상이기보다는 유아독존의 세상이 될 것은 불을 보듯 뻔하다.

건강하고 편견 없는 사회를 만들기 위해서는 무엇보다도 대화가 필요하다. 자신의 생각은 옳고 상대방의 생각은 그르다고 생각한다면 대화는 결코 원활하게 이루어질 수 없다. 왜냐하면 상대방도 그렇게 생각할 수 있고, 나의 생각에도 오류가 있을 수 있기 때문이다. 겸손한 자세로 다른 사람의 의견에 귀 기울일 줄 알아야 한다. 사람들마다 서로 이해관계가 다르고 그에 따라 세계를 바라보는 시각도 천차만별이라는 사실을 알아야 한다. 때문에 상대와의 의견 차이를 좁히기 위해서는 우선 상대방의 관점에서 문제를 바라볼 줄 아는 역지사지(易地思之)의 자세가 수반되어야 할 것이다. 60억이 넘는 인구가 살고 있는 지구상에서 남과 더불어 평화롭게 살아가려면 무엇보다 올바른 대화와 토론법을 배워야 할 것이다. 상대방의 주장과 이유를 비판적으로 검토하고 대화와 토론을 통해 상대방의 마음을 이해하려는 자세가 절실한 시대에 우리는 살고 있다.

주제 탐구 04강 지평 융합이란 무엇이고 어떻게 도달할 수 있는가?

case 1 제시된 대화 내용을 살펴보면 예란이는 자신을 여자라는 이유로 학생회장 후보감으로 정당하게 인정해 주지 않는 몇몇 반 아이들에 대해 화를 내고 있다. 그리고 그러한 아이들의 생각이 잘못된 것이라고 생각한다. 이에 대해 예란이 오빠는 아이들이 그렇게 생각하게 된 배경이나 이유들에 대해 예란이가 진지한 자세로 탐구해 볼 것을 요구한다. 즉 상대방을 이해하고 해석하려는 노력이 필요하다고 말하는 것이다. 그러나 예란이는 대화를 통해 문제를 해결할 수는 없다고 생각한다. 왜냐하면 사람들은 각기 자신들의 주장이 옳다고 말할 텐데, 수학적인 진리처럼 옳고 그름을 판단할 수 있는 기준이 없는 경우에는 아무리 대화를 한다고 해도 그 답을 찾아낼 수 없다고 생각하기 때문이다. 그러나 수학이나 사실에 대한 문제처럼 옳고 그름의 문제가 해결되는 것이 있는 반면 옳고 그름으로 판정되는 것이 아니라 상호 간의 이해에 도달하는 것을 목적으로 하는 문제 상황도 있다. 옳고 그름을 판단할 절대적인 기준이 없다고 해서 각자의 주장이 자신에게는 옳다는 식의 상대주의로 흐른다면 결코 상대방과의 의견 차이를 좁히지 못할 것이다. 서로 간의 의견 차이를 인정하고 상대방의 주장을 올바르게 해석하기 위해서는 상호간의 적절한 대화와 토론이 뒷받침되어야 한다.

예란과 승준이 서로에 대한 선입견을 버린다는 것은 곧 서로 간의 의견 차이를 좁힌다는 것을 의미한다. 처음에는 학생회장의 자격에 대한 의견 차이가 컸었는데, 상대방을 이해하고 대화를 하고부터는 의견 일치에 도달하게 된다. 이 과정은 '비판적 이성' 의 활용을 통해 얻어진다. 비판적 이성은 반성적 사고를 뜻하는 것으로 편견에 사로잡혀 자신의 의견을 고수하는 것이 아니라 정당한 근거를 가진 주장을 수용하여 자신의 주장을 수정해 나갈 수 있는 사고를 말한다. 비판적 이성은 나쁜 선입견을 바로 잡을 수 있는 사람들의 능력이다.

가다머는 한 사람 한 사람이 쌓은 경험을 '지평' 이라고 부른다. 왜냐하면 우리의 경험이란 끝없이 펼쳐진 수평선처럼 과거와 현재가 하나로 이어져 생긴 것이기 때문이다. 그래서 가다머는 비판적 이성이 과거의 지평과 현재의 지평을 연결해 주는 역할을 한다고 말한다. 그리고 가다머는 이러한 상황을 '지평 융합' 이라고 부른다. 그렇지만 의견 일치라고 해서 각자 의견의 차별성이 사라지고 획일적으로 하나가 되는 것이라고 오해해서는 안 될 것이다. 가다머는 통일이라는 말을 싫어한다. 각자가 지닌 고유한 생각은 인정하되 큰 테두리에서 서로 간의 의견 일치를 지평 융합이라고 한 것이다.

철학자가 들려주는 철학이야기 034

비트겐슈타인이 들려주는 언어 이야기

저자_이정배

강원대학교 물리학과를 졸업하고 감리교신학대학교 대학원에서 석사 학위를 받았다. 현재 강원대학교 국어국문학과 박사 과정 중에 있고, 춘천 YMCA, YWCA 독서 지도사 자격 과정 전임 강사로 활동하고 있으며, 2004년과 2005년에 강원청소년영화제 심사위원장과 2005년 FISH EYE 국제영화제 심사위원장을 역임했다.

01_강 비트겐슈타인의 변화

case **1** 비트겐슈타인은 처음에 자신이 내세웠던 언어에 대한 생각을 나중에 바꾼다. 그래서 그의 사상을 전기와 후기로 나눈다. 다음 제시문을 읽고 비트겐슈타인의 전기 사상은 어느 것이며 후기 사상은 어느 것인지를 지적한 후, 전기와 후기의 차이점을 논술하시오.

㉮ "비트겐슈타인도 나중에야 그걸 알았어. 처음엔 사실과 언어가 일치해서 언어를 통해서 모든 것을 드러낼 수 있다고 믿었지만 점점 그게 아니라는 생각을 하게 되었거든."

"어? 정말?"

"응. 사람은 다양한 현실 속에 살고 있기 때문에 다양한 언어를 쓰는데 상황에 따라 그 뜻이 달라진다는 거지. 아까 네가 들었던 건 사실 너랑은 상관없는데도 너에게 얘기하는 것처럼 들었잖아? 그런데 네가 그 상황이 아니었다면 천우 형 소리를 들었더라도 아무 반응도 보이지 않았을 거야."

㉯ 하나의 사실이 있고, 그 사실을 언어로 그린다면 언어와 사실들이 서로 일대일로 만나게 되고, 그래서 서로 대응하게 되는 것이지요. 저기 복실이가 있고, 뛰어가

고…… 그런 사실들을 언어로 쓰게 되면 그게 복실이가 뛰어가는 세계가 그려진다는 말이지요. 다시 말해 사람들이 싸우고 사랑하고 일하고, 새들이 날아가고, 날씨가 더워지는 등 일련의 모든 사실들이 언어로 그려진다면 세계는 결국 언어로 표현됩니다. 따라서 사실의 세계에 맞는 언어 세계가 생기고, 이때 생기는 언어의 세계가 사실 세계를 정확히 그릴 수 있다면 '언어의 세계'와 '사실의 세계'가 서로 정확히 들어맞는 이것이 바로 진리가 되는 것입니다.

📱 비트겐슈타인은 분명한 언어로 세계를 정확하게 그리면 된다고 생각했는데 그것만으로는 2%가 부족하다며 고민하게 됩니다. 언어는 세계를 정확히 설명하면 된다고 생각하면서도 언어가 실제로 사용되고 있는 생활은 전혀 생각하지 않았다는 것을 깨닫게 된 것이지요. 다시 말하면, 우리는 언어를 생활 속에서 사용하고 있기 때문에 언어의 뜻은 우리가 사는 생활 방식과 밀접한 관계를 가질 수밖에 없다는 것이지요. 그리고 이 관계들은 불분명해서 심지어 혼란에 빠진 경우도 있으니까요. 그래서 세계를 설명하는 언어를 분명히 알기 위해서는 그 언어를 사용하는 사람의 생활 습관과 행동을 함께 연구해야 된다고 생각하게 됩니다. 그렇게 해서 비트겐슈타인은 불분명하게 생각했던 옛 생각으로부터 벗어날 수 있는 길을 찾게 되지요. 이에 대해서 그는 언어라는 안개 속에 갇혀 있었다고 말합니다. 이 언어의 안개 속에서 벗어나기 위해서 언어의 수수께끼를 풀려고 합니다.

– 《비트겐슈타인이 들려주는 언어 이야기》 중에서

주요 개념 및 배경 지식

1 진리

진리는 절대적이며 상대적이다. 예전과 달리 우리 시대의 진리는 상대적인 개념이다. 어떤 사람에게는 진리일 수 있지만 다른 사람에겐 그렇지 않을 수도 있기 때문이다. 진리는 그때, 그 시간, 그 상황의 그 사람에게 적용된다.

진리가 상대적 개념이라고 정의한 이후, 진리 탐구에 대한 매력은 감소했다. 하지만 여전히 많은 철학자들이 보편적 진리가 존재할 것이라는 희망을 버리지 못하고 있다.

2 작은 단위

사물을 접근하는 방식에는 위에서 아래(혹은 큰 것에서 작은 것)로 접근해 가는 방법과 아래에서 위(작은 것에서 큰 것)로 접근해 가는 방법이 있다. 근세철학과 과학주의가 힘을 발휘했던 최근까지도 큰 단위에서 작은 단위로 나누어 탐구해 가는 방법을 사용하였다. 그러나 아주 작은 단위에 다다르자 더 이상 세분하기도 어려울 뿐 아니라, 세분화의 의미가 사라짐에 따라 이러한 연구 방법은 답보 상태에 머물렀다. 대신 세밀한 요소들을 결합시켜 가며 전체적인 흐름을 파악하는 방식이 좋은 반응을 얻고 있다.

비트겐슈타인도 초기에는 원자론적 입장에 섰다. 그것은 언어를 나눌 수 있을 만큼의 작은 단위로 나누어 그 요소들 간의 상호 관계를 탐구하는 것이다. 그의 노력은 종종 미궁에 빠졌고 결국 방법론의 전환을 꾀하게 되었다.

3 일대일 대응

언어에 있어 '일대일 대응'의 의미는 하나의 사실에 하나의 언어가 존재한다는 것이다. 이러한 주장은 희망일 뿐, 실생활에서 언어가 하나의 사실을 지시하는 경우는 드물다. 동일한 언어 표현도 상황에 따라 전혀 반대의 의미를 지닐 수 있기 때문이다. 따라서 '언어가 다양성을 지닌다'는 비트겐슈타인의 후기 사상은 전기의 일대일 대응 주장보다 타당하다.

비트겐슈타인의 언어철학은 크게 두 가지로 나누어집니다. 하나는 그의 초기 사상
으로 언어의 세계와 사실의 세계가 일치한다는 생각입니다. 사실의 세계라 함은 이
세상을 구성하고 있는 모든 것을 뜻합니다.

언어는 이 세상을 다루는 하나의 도구와도 같습니다. 마치 그림을 그리듯이 언어는
세계를 그립니다. 이것을 '언어의 모사설' 혹은 '그림 이론'이라 합니다. 또 하나는
후기 사상으로 언어의 뜻은 바로 그 언어가 쓰이는 문맥 안에서 이해될 수 있다는 것
입니다. 언어의 뜻은 그 사용에 따라 좌우되기 때문에 어떤 문맥에서 사용하느냐가
중요하게 되는 것입니다. 즉 언어의 의미는 그 쓰임에 있다는 것이죠.

– 《비트겐슈타인이 들려주는 언어 이야기》 머리말 중에서

1 원자론

원자론은 기본적으로 세 가지 이론을 바탕으로 하고 있다. 원자는 절대로 더 이상 분할할 수 없고, 원자는 질적으로 동일하며 오직 병렬적으로만 상호 결합한다는 것이다. 원래 물리학의 이론이었으나 러셀, 라이프니치, 비트겐슈타인 등에 의해 철학에 적용되기도 한다.

2 전체론

부분의 성질을 전체의 틀 속에서 규명하고 파악하려는 학문적 태도이다. 생명 현상의 전체성을 강조하고, 전체는 단순히 부분의 총합으로서는 설명할 수 없다고 주장한다. 전체는 부분에 선행하고 부분의 상호 관계에 의존하는 동시에 부분을 통제한다고 보는 이론이다.

이러한 부분과 전체의 갈등을 해결하기 위해 변증법이 등장한다. 변증법에서는 부분과 전체를 상호 관련 속에서만 정의할 수 있다고 본다. 즉 부분은 전체와 관련 속에서만 부분으로 정의될 수 있고, 전체도 부분과 관련 속에서만 전체로 정의될 수 있다. 그러므로 부분과 전체는 상대적으로 규정되며 똑같은 사물이 부분이면서 동시에 전체일 수 있다는 의미이다.

3 논리학

명제를 연구하고 논증에서 명제가 어떻게 사용되는가를 연구하는 학문이다.

논증에는 두 가지 기본 형태가 있다. 첫째는, 이미 있는 하나 또는 일련의 명제(전제)로부터 그 안에 숨어 있는 어떤 새로운 명제(결론)를 끌어내는 형식의 '연역 논증'이다. 연역 논증은 결론이 전제에서 엄격하면서도 필연적인 방법으로 도출된다고 주장한다.

둘째로, 개별 사실들을 증거로 일반 결론을 끌어내는 '귀납 논증'이다. 귀납 논증은 전제가 일정한 정도의 개연성 또는 합리성만을 결론에 부여할 뿐이라고 다소 약하게 주장한다. 귀납 논리는 물리·사회·역사·과학의 방법론과 거의 같으므로 더 이상 논리학에서는 다루지 않는다.

오늘날 논리학은 연역 과정에 관심을 둔다. 그래서 명제와 명제가 서로 관계하는 원리뿐 아니라 이 관계를 해명하고 그에 대한 타당한 진술을 가능하게 하는 사고 기법까지도 연구 영역에 들어 있다.

02강 언어의 단위

case 1 비트겐슈타인은 언어의 기본이 무엇인가에 대해 늘 생각했다. 그는 다양한 언어 속에 공통의 기본적인 원자가 있을 것이라고 가정했으며 이를 '논리 원자'라고 불렀다. 다음 글을 통해 비트겐슈타인이 언어의 기본 단위를 찾으려는 이유가 무엇이었는지 서술하시오.

"하지만 사물들만으로 세상을 다 설명할 순 없을 거야. 눈에 보이지 않는 것도 있으니까. 혹은 우리가 알지 못하지만 분명히 존재하고 있는 것도 있을 테니까."

해이는 고개를 끄덕입니다. 공기라든가 귀신이라든가 분명 보이지 않고 들리지는 않지만 없다고 할 수는 없으니까요.

"비트겐슈타인은 우리가 세상을 알려면 먼저 언어가 무엇인지 알아야 한다고 했어. 세상이 어떤 것인지 언어로 표현해야 하니까. 그런데 언어는 복잡하잖아? 한국어, 영어, 일본어, 중국어, 아프리카어, 아랍어 등 종류만 해도 엄청나고 또 그 언어마다 셀 수 없이 많은 단어들이 있고 그 단어들마다 쓰임새가 다 다르지."

해이는 생각만으로도 눈이 핑핑 돕니다.

우리말 하나도 제대로 쓰기 어려운데 그 많은 언어를 다 배워야 한다니 벌써부터 걱정입니다.

"그런데 세상의 모든 언어를 다 배울 수는 없지."

신조가 해이의 생각을 읽은 듯 말합니다. 휴, 다행입니다.

"그래서 비트겐슈타인은 그 언어를 이루는 기본이 무엇인가를 생각했어."

"언어를 이루는 기본?"

"응. 말하자면 뼈대 같은 것이라고나 할까?"

– 《비트겐슈타인이 들려주는 언어 이야기》 중에서

생각 쓰기

1 언어의 단위

단위는 기본이 되는 수치를 의미한다. 단위 역시 더 이상 쪼갤 수 없는 최소의 존재이다. 수학에서 '단위'는 더 이상 나눌 수 없는 수를 일컫는 말이다. 언어에 있어 더 이상 쪼개지지 않는 기본 단위가 있다면, 표준어와 방언의 관계는 물론이고 전 세계의 모든 언어에 적용할 수 있다고 생각하는 학자들이 있다. 예를 들어 명사와 동사 그리고 명사로 이루어지는 기본적인 문장의 경우, 세계 모든 언어는 약간의 배열만 다를 뿐 이들 단위의 결합으로 이루어져 있다는 것이다. 그러나 이러한 가설은 단어나 문장 속의 의미 분석으로 접근해 갈 때, 금방 무너지는 것을 알 수 있다. 언어는 다양하기 때문에 어느 한 의미만 붙잡고 있지 않기 때문이다.

2 언어의 구조

어떤 언어라도 단어라고 불리는 단위가 있고 이것을 여러 가지 방법으로 결합하여 문장을 만들게 된다. 단어는 음운(音韻)이라고 하는 최소 단위가 조합하여 이루어져 있다. 그러나 각각의 음운은 별개의 것으로 따로따로 존재하는 것이 아니라, 서로의 대립을 통해 체계를 구성하고 있다. 그리고 각 체계 내의 구성 요소 간의 대립은 언어에 따라서 다르다. 단어를 조합하여 문장을 만드는 방식은 각 언어의 독특하고 일정한 사회 습관에 의한다.

최근의 변형 생성 문법 이론은 표면적인 문장 구조의 차이에도 불구하고 심층적으로는 언어의 보편적인 동일한 구조가 있다는 가설을 세우고 있다. 즉 심층구조는 어순이 같은 보편적인 구조를 가지고 있다는 것이다.

신조와 해이는 공항 천장을 바라봅니다. 순간 해이의 머릿속에 반짝, 하고 전구가 켜집니다.

"아하! 건물의 기본 구조 같은 거야? 우선 기틀을 잡고 거기에 벽도 세우고 유리창도 붙이잖아."

"맞아. 언어의 기본은 생각이나 사실을 표현하는 거니까 가장 간단한 생각을 표현하는 것부터 시작하는 거지. 예를 들면 지금 날씨가 맑으면 '날씨가 맑다' 라고 표현해. 그럼 하나의 단순명제가 만들어지는 거야."

"단순 명제?"

"철학에서 쓰는 말인데 '어떤 것을 주장하는 내용이 담긴 문장' 을 명제라고 해. 쉽게 말하면, 가장 간단한 생각을 표현하는 걸 명제라고 보면 돼. '날씨가 맑다' 라는 문장은 사실을 설명하는 단순한 명제니까 단순명제라고 한 거지."

"아, 그렇구나."

"이런 생각을 바탕으로 비트겐슈타인은 세상은 가장 단순한 명제들로 설명할 수 있다고 보았어."

"그건 사물에 대한 설명인 거야?"

"사물이라기보다는 사실이라고 해야겠지. 아까 세상은 사물로 이루어져 있다고 했지?"

"응, 하지만 사물 자체가 세상은 아니라고도 했는걸."

"그래. 그럼 이렇게 표현하면 어떨까? 세상은 사실로 이루어져 있다고. 다시 말하면, 사실을 언어로 표현하면 세상이 된다는 것이지."

해이는 고개를 끄덕입니다. 아직 어렵지만 조금은 알 것도 같습니다. 사물과 사실은 다르니까요.

– 《비트겐슈타인이 들려주는 언어 이야기》 중에서

1 명제

논리학에서 참과 거짓을 묻기 위한 글을 명제문이라고 한다. 예컨대 '개는 동물이다' 는 명제이다.

일부 철학자는 언어가 표현하고 있는 것과는 달리 의미를 지니고 있다는 이론에 반대한다. 일상적인 언어의 경우 진위를 묻지 않는 경우가 많기 때문이다.

굳이 일상적인 언어가 아니라도 진위를 따질 수 없는 명제들이 많다. '삼각형은 변이 세 개다' 라는 명제는 참이다. 그러나 이러한 문장은 참과 거짓을 알려 줄 수 있지만 세계에 관해 뭔가를 알려 주는 것은 아니다.

반대로 진위를 결정할 수 없으면서 무의미한 명제들도 있다. 그러나 놀랍게도 형이상학적 명제들은 대부분 이런 부류에 속한다. 여기에 비트겐슈타인의 고민이 있다.

2 선언 명제

기호논리학에서 명제 논리란, 명제를 어떻게든 더 이상 분해할 수가 없다는 의미에서 원자적인 명제로까지 분해하여 가고, 다음에는 그들 원자적 명제의 조합에 의해서 모든 명제를 만들어 낸다.

그러고 나서 원자적 명제의 진위를 결정한다. 이때 두 개의 조합 기호가 있으면 충분하다고 하지만 보통 연언(連言, ∧), 선언(選言, ∨), 함의(含意, ⊃), 부정(否定, ~) 등의 네 가지를 사용하여 명제를 분석한다. 러셀은 모든 명제를 이들 기호로써 만들어 낼 수 있다고 증명했다.

03강 언어 이론

 비트겐슈타인의 초기 이론 중의 하나가 '진리 함수 이론'이다. 다음 제시문은 그의 초기 저서 중의 일부이다. 제시문을 참조하여 '진리 함수 이론'의 개괄적인 내용을 설명하시오.

논리학에서 우리가 표현하고자 하는 바를 기호의 도움을 받아 표현하는 것이 아니라, 본성에 있어 필연적인 기호 자체의 본성이 발언한다. 만약 우리가 어떤 한 기호 언어의 논리적 구문법을 안다면, 모든 논리학의 명제들은 이미 주어져 있는 것이다.

– 비트겐슈타인, 《논리철학논고》 참고

명제의 가능성은 대상이 기호로 대표된다는 원리에 근거한다.

– 비트겐슈타인, 《논리철학논고》 참고

생각 쓰기

04강 언어 게임

 비트겐슈타인의 후기 이론 중에서 대표적인 것이 '언어 게임'이다. 다음 문장들은 언어 게임의 예를 자세히 보여 주고 있다. 비트겐슈타인의 언어 게임 이론이란 무엇인지 설명하시오.

비트겐슈타인이 말하는 언어 게임은 무척 재미있습니다. 그가 예로 든 것은 목수와 조수가 일하는 광경입니다. 그 조수가 매우 숙련된 사람이라면 목수의 손짓이나 표정만 보고도 목수가 무슨 도구를 필요로 하는가를 알게 되어서 목수가 일하는 데 불편함 없이 도구들을 건넬 수 있지요. 그러나 조수가 이제 갓 시작한 사람이라면 아마 많이 헤맬 거예요. 어쩌면 일하는 목수를 방해할 수도 있을 테지요. 익숙한 조수와 함께라면 단어 하나만 말해도 곧장 원하는 물건을 건네받을 수 있는데, 이제 갓 들어온 조수라면 아마 설명을 많이 해야 되지 않을까요?

마찬가지로 우리가 부엌에서 반찬 만드시는 어머니를 돕는다고 생각해 봅시다. 예를 들어서 어머니가 콩나물을 무치신다고 가정합시다. 우리는 어머니께서 아무 말씀도 않지만, 콩나물을 무치는 과정을 알고 있으니까 그때그때 알맞은 양념을 건네 드릴 수 있답니다. 이처럼 언어를 사용하는 것도 서로 상황에 맞게 말을 주고받는 것이기 때문에 '언어 놀이'라 할 수 있습니다. 만약 부엌일에 대해서 잘 알지 못하는 사람이 어머니를 도왔다면 어머니는 자신이 필요한 양념들이 필요할 때마다 그것을 달라고 말을 해야 하지 않았을까요? 즉 깨가 필요할 때, "깨" 혹은 "소금"이라고 말하면 옆에 있는 사람이 깨나 소금을 건네주겠지요. 이처럼 언어를 사용하는 것도 규칙에 따른 게임과 같다고 비트겐슈타인은 생각하게 되었습니다.

– 《비트겐슈타인이 들려주는 언어 이야기》 중에서

생각 쓰기

주요 개념 및 배경 지식

1 게임 이론

일반적으로 말하는 게임 이론은 한 집단이나 개인의 어떤 행동의 결과가 게임(놀이)에서와 같이 참여자 자신의 행동에 의해서만 결정되는 것이 아니고 동시에 다른 참여자의 행동에 의해서도 결정된다는 이론이다.

이러한 상황에서 각자는 자기 자신에게 최대의 이익이 되도록 행동하게 되며, 이것을 수리적으로 분석하는 방법을 게임 이론이라고 한다.

그러나 비트겐슈타인이 언어 게임을 얘기하는 것은 다양성 때문이다. 놀이가 다양하게 변화할 수 있다는 점에서 그리고 그 전체는 규칙 속에서 이루어진다는 점에서 언어 게임 이론을 생각해 낸 것이다.

2 비유

언어적으로 특별한 의미나 효과를 얻기 위해 말하는 이가 일상적, 표준적이라고 생각하는 단어의 의미로부터 벗어나는 것을 말한다.

직유, 은유, 제유, 환유 등 이러한 비유는 오랫동안 기본적으로 언어의 장식이라고만 생각했다. 그러나 오늘날에는 언어의 기능 수행에 있어 필요 불가결한 것이 되었다.

따라서 시(詩)뿐만 아니라 모든 이야기에서 없어서는 안 될 것으로 여기고 있다.

비트겐슈타인에게 비유는 추론을 위해 사용되었다. 자신의 이론을 보다 쉽게 설명하고 독자의 이해를 돕기 위해 유사한 개념들을 비교하면서 이론을 전개한다. 그에게 이러한 비유 역시 일종의 언어 게임이었는지도 모른다.

언어 게임도 이와 마찬가지입니다. 각 언어들이 가지는 규칙에 따라서 사람들은 언어를 사용하지만 실제로는 매우 다양한 언어 게임을 하고 있는 셈입니다. 사람들은 아주 간단한 자기 의사 표현부터 시작해서, 아프거나 놀랄 때 내는 언어(감정 표현)에서부터 매우 어려운 이론을 말하는 언어(사상 표현)에 이르기까지 매우 복잡하게 얽혀 있는 언어 게임 속에서 살고 있지요. 그런데 아무리 복잡한 바둑 게임이라 해도 그 게임을 구성하는 기본은 아주 간단한 규칙에서부터 시작한다는 것이죠. 이렇게 보면 매우 복잡하고 어려운 언어 게임도 아주 간단한 기호들을 사용함으로써 시작한다는 것을 알 수 있어요. 즉 사람들에 의해서 사용되는 수많은 언어 게임들은—이 세상에 수많은 민족들이 살고 있고 실제로 사용되고 있는 언어만도 오천 가지가 넘는다고 하지요. 그리고 수십억의 사람들이 서로 자기 나름대로의 언어를 사용한다고 생각해 보세요. 엄청 많은 언어 게임이 가능하게 되지요—서로의 공통성을 갖고 있어요. 비트겐슈타인은 이것을 언어들이 가족 구성원에서 보여지는 '유사성'을 갖고 있다고 했어요. 한 가족은 비슷한 점이 많이 있지요. 그것처럼 각 언어들도 서로 유사한 점을 가지고 있다는 거죠(언어의 가족 유사성).

그런데 가족들이 유사성을 가지고 있지만 동시에 또 서로 구별되는 차이를 가지고 있는 것처럼 언어 게임도 서로의 차이에 의해서 구별되는 거예요. 그래서 비트겐슈타인은 언어 게임의 유사점과 차이점을 서로 잘 구별해서 명확한 언어 게임을 하자는 거예요. 이것을 '언어 분석'이라고 하지요. 결국 언어를 옳게 사용하고 있는가 하는 언어 사용에 대한 분석을 통해서 철학 문제를 해결하자고 한 것입니다.

– 《비트겐슈타인이 들려주는 언어 이야기》 중에서

생각 쓰기

1 가족

주로 혼인과 혈연에 의해 형성된 인간의 집단을 말한다. 하나의 공간에 함께 거주하지 않아도 의식적으로 연대감이 있는 한, 가족이라 부른다. 그런 면에서 집이라는 공간을 넘어서는 개념이다. 가족 구성원은 생김새가 비슷하고 식습관과 행동 방식이 비슷하기 때문에 유사성을 갖는다.

언어 놀이의 다양성을 비트겐슈타인은 '가족 유사성'의 개념으로 설명한다. 즉 한 가족의 성원들은 서로 닮았지만, 모계와 부계의 차이로 인해 모두에게 공통된 특징을 발견할 수 없는 것처럼 언어 놀이도 이와 마찬가지이다.

다양한 언어 놀이들 모두에 공통된 특징은 없고, 그저 서로 교차하는 유사성만 있을 뿐이다. 그럼에도 불구하고 우리는 한 낱말이 지칭하는 대상들 사이에 모두에게 공통된 특징이 있다고 생각하는 경향이 있는데 이를 '본질주의의 오류'라고 말한다.

2 언어 철학

언어에 관한 개개의 법칙을 설명하는 학문이다. 언어적 철학에는 크게 두 유파가 있다. 하나는 케임브리지와 미국의 논리실증주의 및 논리적 경험론으로 언어 비판에 의한 형이상학의 거부를 주제로 한다. 다른 하나는 옥스퍼드의 일상 언어철학 유파로 일상어의 관찰·분석에 의한 사고의 해방을 주제로 연구한다.

한편 언어철학이란 영역은 보다 일반적인 입장에서 언어의 본질과 기능을 문제로 삼는다. 처음에는 언어의 기원과 발달이 주제였으나 최근에는 언어와 사상, 언어와 사물 등의 의미 문제를 주제로 삼고 있다.

05강 그림 이론

비트겐슈타인은 세상은 사실들로 이루어져 있고, 언어는 그 사실을 표현하는 것이라고 생각하였습니다. 사실이란 사물들이 서로 관계를 맺고 있는 것으로 세상은 이러한 사실들로 이루어져 있고 이러한 사실들을 언어로 표현하면 그것이 바로 세상이 된다는 것이지요. 예를 들면, '한 마리 고양이가 있다' 는 언어의 표현은 '고양이 한 마리' 와 '있다' 는 뜻이 서로 관계를 맺어 하나의 사실을 말해 주지요. 조금 더 복잡한 명제를 예를 들어 보면, '세 마리 고양이가 회색 지붕 위에서 서로 놀고 있다' 는 말은 '고양이 세 마리', '회색', '지붕', '위' 그리고 '논다' 는 것들이 서로 관계를 맺고 있는 사실을 말해 주는 것입니다.

– 《비트겐슈타인이 들려주는 언어 이야기》 중에서

생각 쓰기

K. T. Fann의 도식

비트겐슈타인의 이론은 Fann이라는 학자에 의해 다음과 같이 도식화되었다.

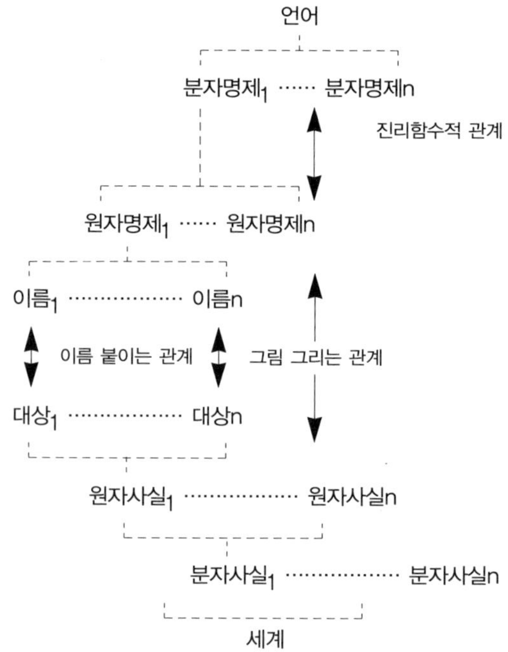

여기서 언어와 세계는 거울을 가운데 둔 것처럼 대칭이다.

06_강 의미론

case 1 의미를 분석해 내는 것은 언어의 요소를 분석하는 것과 반대의 방법이다. 비트겐슈타인에게 있어 언어의 의미는 무엇일까? 그는 언어의 의미가 언어의 사용에 있다고 주장한다. 다음 제시문을 통해 언어 사용 이론을 정리하시오.

㉮ 비트겐슈타인은 우리가 살고 있는 세계 안에서 언어가 잘못 사용됨으로써 많은 문제가 생긴다고 생각했습니다. 사람들이 서로 옳다고 다투는 경우를 보면 언어를 서로 잘못 사용하고 이해한 데서 오는 경우가 많습니다. 그래서 철학의 수수께끼도 문법을 잘못 사용하거나 사용하는 언어를 잘못 이해한 결과라고 생각하게 되지요. 그래서 이제 철학이 해야 할 중요한 일은 새로운 어떤 사실을 찾아내는 것이 아니라 그저 언어를 잘못 사용함으로써 '더러워진 방을 깨끗이 정돈하는 일', 즉 잘못 사용된 언어를 바르게 사용하도록 하는 사소한 일을 발견하는 것이라고 말했어요.

㉯ 그래서 비트겐슈타인은 세계의 구조와 언어의 구조가 서로 일치한다는 처음의 생각을 버리게 됩니다. 여기서 그는 언어가 한 가지 뜻만 갖는 것이 아니라 다양한 의미를 갖게 된다는 것을 밝히고(언어 의미의 다양성) 세계를 정확히 알기 위해서는 그 언어가 어떤 의미로 사용되었는가를 아는 것이라고 밀합니다. 쉽게 말하면, 언어는 안개

로 둘러싸여 있기 때문에 그 안개를 벗기는 것이 바로 철학이 하는 일이고, 이를 위해
서는 언어가 어떻게 사용되고 있는가를 연구해야 한다고 말하지요. 이것을 '언어의
사용 이론' 이라 합니다.

–《비트겐슈타인이 들려주는 언어 이야기》 중에서

생각 쓰기

언어의 의미론

언어의 의미론에는 전통적으로 세 가지가 있다. '낱말의 의미는 다른 낱말로의 번역' 이라는 번역설과 '낱말의 의미는 그것이 가리키는 대상' 이라는 대응설, 그리고 '낱말의 의미는 그것이 가리키는 대상들 모두에 공통된 특성의 관념이나 심상' 이라는 관념설이다. 비트겐슈타인은 이러한 기존의 의미론들을 비판하면서 '의미는 사용에 있다' 는 결론을 내린다.

아비투어 철학 논술

예시 답안

case 1 ⓔ는 전기 사상, ⓐ와 ⓓ는 후기 사상이다.

비트겐슈타인의 전기 사상은《논리철학논고》에 잘 나타나 있다. 이 책에서 그는 언어와 사실은 일대일로 대응되어 있어 세계는 언어로 묘사할 수 있다고 주장하였다. 그래서 '언어 세계' 와 '사실 세계' 가 정확하게 일치하는 것을 진리라고 말했다. 또한 언어를 작은 단위로 파악할 수 있다고 생각하여 작은 단위로부터 언어를 분석하려고 했다.

후기 사상은《철학적 탐구》로 제자들에 의해 정리되었는데, 전기 사상과 뚜렷한 차이를 보인다. 언어로 세계를 정확하게 그릴 수 있다고 생각했는데 실제 생활에서 언어는 그렇지 않다는 것을 알게 되었다. 언어가 생활 방식과 밀접한 관계를 맺고 있기 때문에 언어를 사용하는 사람들의 생활 습관과 행동을 함께 연구하지 않으면 안 된다는 결론에 이르게 된다.

case 2 전기의 대표적 이론과 중심 개념은 '논리원자론' , '단순명제' , '진리 함수 이론' , '그림 이론' 등이다. 후기의 대표적 이론과 개념으로는 '언어 게임' , '다양성' 등을 꼽을 수 있다. 전기에 비트겐슈타인이 언어의 요소와 구성인자들에 관심을 두었다면, 후기는 언어를 둘러싸고 있는 환경이나 언어의 문맥에 관심을 두었다.

case 1 세상을 알기 위해서는 언어를 알아야 하고 언어는 기본단위들이 모여서 된 것이므로 언어를 제대로 파악하기 위해서는 언어의 기본단위를 알아내야 한다고 생각했다. 그렇게 해야만 언어의 단위 원자들의 상호 관계를 논리적으로 풀어 낼 수 있다고 보았다. 이러한 이유로 그는 언어들의 기본을 이루고 있는 가장 작은 단위를 찾기 위해 언어를 잘게 쪼개어 관찰했다.

case 2 비트겐슈타인은 언어를 알기 위해서는 언어를 이루는 가장 기본적인 것이 무엇인가 하는 물음에서부터 시작하였다. 그런데 당시 사람들이 생각하기를, 언어의 기본은 생각이나 사실을 표현하는 것이기 때문에 가장 간단한 생각이나 사실을 표현한 문장을 명제라고 정의했다. 그중에서도 가장 간단한 생각을 표현한 문장을 '단순명제' 라고 하였다. 예를 들면 비가 오고 있는 사실을 보고서 내가 '비가 온다' 라고 말하면 그 사실을 설명하는 가장 단순한 명제를 말한 셈이 된다. 이런 생각을 바탕으로 비트겐슈타인은 세계는 가장 단순한 명제들에 의해서 설명될 수 있다고 보았다.

case 1 비트겐슈타인의 초기 언어 이론은 '그림 이론'과 '진리 함수 이론' 두 가지로 되어 있다. 이 두 이론은 '언어의 기능은 무엇인가'라는 물음과 '언어의 구조란 무엇인가'라는 두 가지 물음에 대한 대답이다. 진리 함수 이론은 '언어는 명제로 되어 있다'는 전제에서 출발한다. 진리 함수 이론을 정리하면 다음과 같다.

"모든 명제들은 단순명제로 분석될 수 있으며 단순명제의 진리 함수이다. 단순명제들은 대상을 지시하는 이름들이 결합된 것이다. 그 단순명제들은 직접적인 결합에 의해 만들어진 대상들, 즉 원자적 사실들의 논리적 그림이다. 원자적 사실들은 결합되어서 다양한 복합 사실들을 구성하며, 이 복합 사실들이 세계를 구성하게 된다. 단순명제들이 참인지는 표현하고 있는 원자적 사실들이 참인지에 의해 결정되며, 그 단순명제들로 이루어진 명제가 참인지는 그 단순명제들이 참인지에 의해 결정된다. 그러므로 모든 명제는 그것을 이루고 있는 단순명제들의 진리 함수이다."

case 1 후기에 비트겐슈타인의 이론은 언어를 도구와 게임에 비유하는 과정을 통해 정립된다. 그의 언어 게임 이론을 정리하면, 먼저 언어의 종류와 기능은 도구나 게임의 종류와 기능만큼이나 다양하다는 것이다.

첫째로 어떤 도구는 반드시 한 가지에만 소용되는 것이 아니라 다양하게 사용된다.

둘째로 다양한 종류의 언어가 담고 있는 공통적인 속성을 찾아내기 위하여 게임과 도구의 다양성을 검토함으로써 해결할 수 있다.

셋째로 언어의 의미 문제 또한 도구의 쓰임과 언어 게임에 비유함으로써 해결할 수 있다.

넷째로 게임에서 중요한 것이 규칙인 것처럼 언어의 쓰임에도 문법적 규칙을 따라야 한다는 것이다.

case 2 비트겐슈타인은 언어는 비록 다양성을 가지지만 잘 분류하면 유사한 것끼리 묶을 수 있다고 가정한다. 완전한 일치는 아니지만 비슷한 것들을 유형별로 분류할 수 있겠다는 생각에서 '가족 유사성'이란 개념을 이끌어 낸다. 가족 유사성은 공통점이 있다는 것과 독특성을 갖고 있다는 이중성을 해결하기 위해 고안한 개념이다. 비트겐슈타인은 다음과 같이 말한다.

"우리가 언어라고 부르는 모든 것에는 공통된 어떤 것이 있는 것이 아니라, 수없이 상이한 방식으로 서로 관련되어 있는 것이다. 우리가 그것들을 모두 언어라고 부르는 것은 이 관계 혹은 관계들 때문이다."

언어는 단 하나의 공통된 본질 없이 단지 다양한 방식으로 서로 얽혀 관계하고 있다. 이러한 관계를 '가족 유사성'이라고 한다.

case 1

비트겐슈타인은 언어를 정확히 사용하면 그에 해당하는 세계를 표현해 낼 수 있다고 보았다. 그의 말에 따르면, 언어를 통해서 세계를 표현할 수 있다는 것이다. 결국 우리가 아는 언어는 우리가 알 수 있는 세계를 보여 주는 것이 된다. 우리가 언어를 통해서 알 수 없는 세계는 보여 줄 수도 없는 세계인 것이다. 언어가 갖는 한계는 곧 세계가 갖는 한계가 되기도 한다. 언어는 세계를 보여 주는 그림이라는 이론을 언어의 '그림 이론' 이라고 한다.

case 1

동일한 표현이라도 어느 맥락에서 사용하느냐에 따라 의미는 달라진다. 언어의 의미가 '사용' 에 있다는 이론이 언어 사용 이론이다. 언어 사용 이론은 언어가 사용되고 있는 의미를 살펴서 그 의미가 바르게 사용되도록 바로잡아 세상에서 그 때문에 생길 수 있는 오해를 풀어 주는 역할을 할 수 있다.

Abitur

철학자가 들려주는 철학이야기 035

막스 베버가 들려주는 카리스마 이야기

저자_**소병일**

고려대학교 대학원 철학과 박사 과정을 수료했으며, 중앙유웨이 논·구술 특강 논술 전문위원으로, 현재 동덕여대에서 발표와 토론 강사로 재직 중이다.

막스 베버의 사회학 이론

1. 프로테스탄티즘과 자본주의
2. 직업으로서 학문과 직업으로서의 정치
3. 권위와 지배의 세 가지 형태

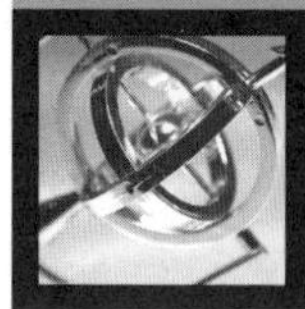

막스 베버의 사회학 이론

1 프로테스탄티즘과 자본주의

막스 베버가 1905년에 발표한 《프로테스탄티즘의 윤리와 자본주의 정신》은 마르크스주의의 자본주의 분석 방법을 비판하면서 종교가 자본주의 발생에 어떠한 영향을 미쳤는지 분석한 글이다.

마르크스주의의 입장에 따르면, 화폐와 노동의 축적을 통해 자본주의가 탄생한다. 역사적으로 볼 때 콜럼버스가 신대륙을 발견한 이후, 당시 대표적인 화폐였던 금과 은이 유럽으로 유입되었고, 인클로저 운동 등을 거치면서 농토를 잃은 농민들이 대거 도시로 모여들어 노동자 계층을 이루었다. 이렇게 해서 축적된 돈과 노동력이 결합해 자본주의 탄생의 기초를 이루었다는 것이다. 그리고 이러한 자본주의 경제 체제가 정치·종교·문화 등 사회 발전의 기틀이 되었다고 설명한다.

베버는 마르크스주의의 이러한 설명이 오직 경제적 요인만을 중요시하기에 자본주의의 탄생을 제대로 설명할 수 없다고 보았다. 그는 당시 자본주의가 유럽에서만 성장할 수 있는 이유를 종교 개혁 이후 등장한 프로테스탄티즘(청교도주의)과 연관하여 설명하고자 하였다.

그에 따르면 중세 시대 타락한 가톨릭에 대한 반발에서 형성된 프로테스탄티즘은 유럽 사회 전체에 종교 개혁을 일으키고, 칼뱅의 사상은 자본주의적 정신을 고양시키면서 근대 자본주의 형성에 결정적인 역할을 수행했다.

중세 가톨릭교회가 종교적으로 부(富)를 죄악으로 비판하면서도 면죄부를 팔아 교회의 부를 늘리는 이율배반적인 태도를 보여 주었다면, 칼뱅주의는 오히려 정당한 부를 구원의 상징으로 보면서 부의 축적을 정당화했다. 이때 정당한 부란 나태와 사치를 위한 탐욕스러운 부가 아니라 성실하고 근면한 금욕적인 삶을 통해 획득한 부를 말한다.

베버에 따르면 자본주의의 탄생과 발전은 자본의 축적, 즉 부의 축적을 기반으로 하는데 칼뱅주의가 금욕주의를 통해 사치를 막고 재투자를 늘리는 정신적 기반이 됨으로써 자본주의가 발달하게 되었다는 것이다.

2 직업으로서의 학문과 직업으로서의 정치

막스 베버는 '직업으로서의 학문'이라는 강연에서 학자를 직업으로 삼는 사람들이 처한 상황과 올바른 학문의 자세를 이야기한다. 그는 인생이란 '서로 다른 가치들을 표상하는 여러 신들의 영원한 투쟁' 과정이라고 보았다. 이 말은 학문이 추구하는 가치와 진리가 항상 보편타당하지 않으며, 다른 가치나 진리와 충돌할 수밖에 없다는 의미를 포함하고 있다.

베버는 자신이 살던 시기에 팽배해 있던 인종 편견, 완고함과 오만함, 국수주의적 경향을 비판하면서 다양한 가치를 인정할 때 비로소 올바른 학문이 가능하다고 보았다. 그래서 그는 학문을 하는 사람은 자신이 고집하는 학문뿐 아니라 다른 학문도 인정하고, 학문들 간에 벌어지는 갈등과 충돌을 감내해야만 한다고 보았다.

베버는 근대를 진리, 선 그리고 미와 서로 화해하지 못하는 어두운 시대이며, 이것들을 조화시킬 수 있는 보편 규범이 없는 시대라고 보았다. 따라서 학자는 엄격히 가치중립성을 지키면서 지적인 공정성과 의무를 충실히 수행해야만 한다고 주장했다.

막스 베버는 '직업으로서의 정치'라는 또 다른 강연에서 자본주의 경제 체제, 지배 관계로서의 국가, 관료의 비대화가 불가피한 현대의 정치 문화의 문제점을 지적했다. '직업으로서의 정치'에서는 관료와 정치가가 어떠한 상황에 놓여 있으며, 이들이 각각 어떻게 처신해야 하는지에 대해 이야기한다.

막스 베버는 관료제를 자본주의에서 거대화된 사회생활의 합리화나 역사 진화의 산물, 즉 인간 생활이 합리화되고 사회가 전문화되면서 나타난 것으로 파악한다.

물론 관료제의 폐해가 없는 것은 아니다. 베버는 이러한 폐해를 극복하기 위해서 관료는 '분노도 편견도 없이' 자기 직무를 처리해야 한다고 보았다. 따라서 국가의 관료는 정치가처럼 투쟁을 해서는 안 된다. 정치가는 당파성과 투쟁, 격정을 따르지만 관료는 이와는 반대되는 책임의 원리에 따라야 한다고 보았다.

베버는 정치가의 경우 정열, 책임감, 판단력, 이 세 가지 자질이 매우 중요하다고 보았다. 더불어 정치가는 '거리를 두고 관찰하는 능력'이 필요한데, 이것을 통해 냉정함을 잃지 않고, 현실을 있는 그대로 받아들여야 한다고 했다. 그래서 베버는 정치가가 이러한 '거리'를 상실하는 것을 큰 죄라고 보았다. 그래서 그는 진정한 지도자란 정열과 판단력을 조화시키면서 불가능한 일을 목표로 끈질기게 도전하는 사람이라고 보았다. 어리석고 천해 보일지라도 절대 굴하지 않고, 어떤 상황에서도 '그럼에도 불구하고!'라고 단언할 수 있는 사람만이 정치를 해야 한다는 것이다.

3 권위와 지배의 세 가지 형태

막스 베버는 자신의 영향력이 정당하다고 믿는 권력 행사자와 그의 영향력 또는 명령을 정당하다고 믿는 피권력자 간에 성립되는 상호 관계의 유형을 지배라고 보았다. 그리고 권력이란 자기의 의사를 타인으로 하여금 수용하도록 강제할 수 있는 힘이라고 하였다.

지배와 권력은 다른데, 우선 지배가 권위에 기초를 두고 있다면 권력은 이해관계나 돈, 명예, 무력 등에 의해서 타인을 지지하고 명령할 수 있는 힘이다. 여기서 권위란 피지배자가 지배자에 대해 그의 지배가 정당하다고 믿을 때 성립되는 지배자의 힘을 의미한다.

권위는 전통적 권위, 카리스마적 권위, 합리적·법적 권위 등 세 가지로 분류된다. 우선 전통적 권위란 옛날부터 일정한 전통에 의거하여 권위가 부여되었기 때문에 믿게 되는 것을 말한다. 이러한 권위는 권위의 소유자와 그 권위의 종속된 사람 사이의 관계에서 개인적인 성격을 띠게 되는데, 그 예로 가족과 군주제 국가를 들 수 있다.

카리스마적 권위란 개인이 지닌 영웅적 자질, 비범한 능력, 마술적 힘(예언자, 제사장, 무당의 능력 등)을 의미한다. 카리스마적 지도자는 추종자들에게 신과 동일시할 수 있는 신비한 권력의 소유자로 간주되기 때문에 추종자들은 그의 권력에 정당성을 부여하게 된다. 베버는 카리스마를 보통 사람과 구별될 수 있는 특정한 개성적 자질로 초자연적·초인간적, 최소한 예외적인 힘과 권력을 지칭하는 것으로 보았다. 카리스마적 지도자의 예로는 예언자, 치료사, 전쟁 영웅과 같은 사람들이 있다.

법적 권위는 이것이 인간들의 이성적 힘이 반영된 행위 규범이기 때문에 발생한다. 법은 지배자와 피지배자가 동시에 지켜야 할 행위의 원칙을 결정해 줄 뿐만 아니라 지배하는 사람에게 그가 법을 지키는 한 권력 행사의 정당성을 부여한다.

이러한 권위에 따라 전통적 지배와 카리스마적 지배, 합법적 지배가 나타난다. 전통적 지배의 경우, 신성한 지위를 가지고 있는 우두머리가 피지배자의 전인격적인 복종을 통해 그들을 지배한다. 그리고 전통적 지배는 비인격적인 명령이 아니라 개인적 충성에 기초한다. 카리스마적 지배는 카리스마적 자질을 가진 지도자가 자신에게 주어진 개인적인 신뢰와 영웅성을 통해 사람들을 복종시킨다. 마지막으로 합법적 지배는 법적으로 만들어진 몰인격적인 명령을 통해 사람들을 지배하는 것을 말한다. 관직의 권위를 행사하는 사람은 그들의 명령이 공식적인 합법성을 지니기에 사람들을 복종시킬 수 있다.

그런데 이 세 가지 형태의 권위나 지배는 역사적으로 순수한 형태로서 각각 존재한 것이 아니라 서로 혼합되어 나타난다.

case 1 다음 제시문 **㉮**에서 막스 베버가 자본주의에 대해 가졌던 잘못된 견해가 무엇인지 파악하고, 제시문 **㉯**를 통해 종교적 입장이 어떻게 자본주의 정신이 될 수 있었는지 논술하시오.

㉮ 획득을 위한 무제한적인 탐욕은 결코 진정한 자본주의라 할 수 없으며 자본주의 정신이라고는 더욱 할 수 없다. 자본주의는 이러한 비합리적 충동의 절제나 최소한 그러한 충동이 합리적으로 완화된 것이라고 할 수 있다. 자본주의란 지속적이고 합리적인 자본주의적 경영에 의한 이윤 추구, 그리고 영원히 재생되는 이윤의 추구를 가리키는 것이다.

– 막스 베버, 《프로테스탄티즘의 윤리와 자본주의 정신》 참고

㉯ 최고의 금욕 수단이자 신앙의 진실성에 대한 가장 확실하고 분명한 증거를 부단하고 지속적이며 체계적인 세속의 직업 노동으로 보는 종교적 입장이 자본주의 정신이라 불리는 생활 태도를 형성시켰다. 소비 억제와 근로 활동은 필연적으로 금욕주의적 절약 행위를 통한 자본 형성을 초래한다. 재산의 소비 억제는 자본을 생산적으로 투자하게끔 하여 궁극적으로 소비를 증가시키게 된다. 이러한 영향이 얼마나 강했던

것인가를 통계적으로 정확히 규명하기는 쉽지 않다.

그러나 칼뱅주의가 7년 동안 엄격히 지배했던 네덜란드에서는 신앙심이 투철한 사람들이 거대한 부(富)에도 불구하고 소박하게 생활하면서 막대한 자본을 축적했다. 또한 시대와 장소를 불문하고 존재했고 20세기 초 독일에도 두드러지게 드러나는 시민적 재산의 '귀족화' 경향이 봉건적 생활 형태에 대한 청교도주의의 반감 때문에 크게 억제되었다는 것도 분명한 사실이다. 17세기 영국의 중상주의 사상가들은, 네덜란드의 자본력이 영국을 능가하게 된 이유가 영국과는 달리 네덜란드에서는 재산을 토지에 투자하지 않았기 때문이라고 보았다. 하지만 이것은 단순히 토지를 구입하지 않았기 때문만은 아니다.

또 다른 중요한 이유는 네덜란드에서는 귀족적인 봉건적 삶의 양식이 향유되지 않아서 자본주의적 투자가 가능해졌기 때문이다. 17세기 이후의 영국 사회는 '영국의 황금 시절'을 대표하는 '지주 계급'과 사회적 영향력을 가진 청교도로 양분되었다. 별 생각 없이 삶을 향유하는 것과 엄격히 통제되고 억제된 자기 규제와 관습적인 윤리적 구속, 이 두 특징은 영국인의 '민족성'에 나란히 나타나 있다. 마찬가지로 북미 식민지 건설 초기에도 계약 노동자의 노동력으로 농장을 건설하고 영주처럼 살려 했던 '개척자'와 특별히 중산층의 삶을 지향하는 청교도가 날카롭게 대립한 바 있다.

– 막스 베버, 《프로테스탄티즘의 윤리와 자본주의 정신》 참고

– 관련 기출 문제: [2002] 성균관대학교 논술 고사 제시문

생각 쓰기

주요 개념 및 배경 지식

1 칼뱅주의

칼뱅주의란 칼뱅으로부터 시작한 프로테스탄트 사상을 말한다. 칼뱅(Jean Calvin, 1509~1564)은 인간의 구원은 오직 신이 결정하는 문제로, 인간의 어떤 행동으로도 신의 뜻을 바꿀 수 없다며 예정설을 주장했다. 구원은 인간이 얼마나 선행을 베풀었는가에 달려 있지 않다. 인간이 할 수 있는 것은 자신의 직업에 충실하며 검소하고 근면하게 생활하는 것뿐이다. 현세에서의 성공은 내세의 구원과도 같은 약속이다. 따라서 우리는 소명 의식을 갖고 성실하게 살아야 구원받을 수 있다.

2 중상주의

중상주의란 15세기부터 18세기 후반까지 서유럽 국가들이 채택한 경제 정책과 경제 이론을 말한다. 중상주의의 핵심은 초기 산업 자본을 위해 국내 시장을 확보하고 국외 시장을 개척할 목적으로 수행되는 보호주의 제도라고 할 수 있다. 이것은 절대왕정이 타도되고 산업자본이 등장하기 전까지 자본의 원시적 축적의 체제로서 추진되어 온 정책이다. 중상주의 이론가들은 이윤이 기본적으로 생산 과정이 아닌 유통 과정에서 발생된다고 생각하였다. 그래서 무역 차액을 발생시키는 귀금속 무역만이 이윤을 창출한다고 보았고, 보호무역을 주장하였다.

02_강 직업으로서의 학문과 직업으로서의 정치

case 1 다음 제시문 ㉮를 읽고 학문을 하는 이유를 요약하고, 제시문 ㉯를 통해 근대 자본주의 사회에서 학문이 처한 문제점에 대해 서술하시오.

㉮ 우리들은 학문이라는 것이 없었던 미개인에 비해 자신의 생활 조건을 더 잘 안다고 말할 수 없다. 만약 전차에 탔다고 했을 때 우리는 전문적인 물리학자가 아닌 한 그것이 움직이는 이치를 대부분 잘 모른다. 그에 비해 미개인은 그날그날의 식량을 얻기 위해 어떻게 해야 하는지, 또 어떤 지식이 유용한가를 잘 알고 있다. 그러므로 학문을 한다는 것이 반드시 그만큼 자신의 생활 조건에 관한 일반적인 지식을 많이 가진다는 의미는 아니다.

그것은 전혀 다른 의미이다. 마음만 먹으면 언제라도 배워서 알 수 있다는 것, 따라서 나의 생활에는 어떤 신비롭고 예측할 수 없는 힘이 작용할 이치가 없다는 것, 오히려 모든 것은 원칙적으로 예측에 의해 지배할 수 있다는 것을 믿는 것이다. 학문은 모든 형태의 주술로부터 세계를 해방시킨다. 오늘날 우리들은 미개인처럼 주술에 호소하여 나쁜 귀신을 물리친다거나 기도를 한다거나 할 필요가 없다. 기술과 예측이 그것을 대신하기 때문이다. 이것이 바로 학문을 하는 이유이다.

— 막스 베버, 《직업으로서의 학문》 참고

㉴ 베버에 의하면 근대 자본주의 사회는 합리화되는 세계이다. 합리화되는 세계에서 기존의 기독교적 중세가 가졌던 통일적인 세계상은 붕괴되며 가치 영역들은 분화된다. 진선미의 모든 가치를 함축하고 있던 유일신의 세계는 진, 선, 미라는 각각의 가치 질서들이 분리되어 서로 상충되는 다신교(多神敎)의 세계로 변해 간다. 이와 같은 세계에서 여러 신들, 가령 참됨의 신(객관주의적 근대 과학)과 선함의 신(보편주의적 법과 도덕), 아름다움의 신(자율화된 예술)들은 서로를 용납하지 않기 위해 투쟁하고 있다.

베버는 《직업으로서의 학문》에서 이렇게 말한다.

"어떤 것은 선은 아니지만 아름다울 수 있으며 그것이 오히려 선이 아니라고 하는 점에서 아름다울 수도 있다. 이것은 니체 이후로 재인식되어 왔으며 보들레르의 시집 《악의 꽃》에서도 이미 나타나고 있다. 더구나 아름답지도 신성하지도 선하지도 않은데 참될 수 있다는 것, 아니 참될 수 있는 것은 그것이 아름답지도 신성하지도 선하지도 않은 까닭이라는 것. 이것은 오늘날 상식에 속하는 일이다."

생각 쓰기

1 니체

니체는 독일의 시인이자 철학자이다. 쇼펜하우어의 의지 철학을 계승하여 '생의 철학'을 주장하였으며, 키르케고르와 함께 실존주의의 선구자이다. 유명한 저서로는 《반시대적 고찰》(1873~1876), 《차라투스트라는 이렇게 말하였다》(1883~1885) 등이 있다. 그는 사람들이 최고의 가치나 목표를 잃고 노예처럼 살고 있다고 보았다. 그리고 이러한 상황을 극복하기 위해서는 초인이라는 이상형을 추구하며 끊임없이 자신을 극복해야 한다고 주장했다.

2 보들레르

보들레르는 19세기 프랑스의 시인으로, 〈악의 꽃〉이라는 유명한 시를 남겼다. 그는 명석한 분석력과 논리와 상상력을 동원하여 인간 심리의 심층을 탐구하였고, 고도의 관능적이고, 음악적인 시를 통해 근대 자본주의 사회를 비판한 것으로 유명하다.

case 1 다음 제시문에 나타난 지배의 유형을 각각 요약하시오.

역사적으로 국가 이전의 모든 정치 조직체들처럼, 국가는 정당한 강제력이라는 수단에 기반을 두고 성립되는 인간의 인간에 대한 지배 관계입니다. 따라서 국가가 존속하기 위해서는 언제나 피지배자가 지배 집단이 주장하는 권위에 복종하지 않으면 안 됩니다. 그런데 피지배자들은 어떠한 경우에 그리고 무엇 때문에 복종할까요? 이러한 지배는 어떠한 내적 정당성과 외적 수단에 기반하는 것일까요?

내적 정당성의 근거, 즉 지배의 정당성 근거로는(우선 이 문제부터 시작하자면) 원칙적으로 세 가지가 있습니다.

첫째는 '영원한 과거'가 가진 권위로서 이것은 아주 오래전 통용되어 왔고 또한 습관적으로 준수되면서 신성화된 관습의 권위입니다. 옛 유형의 가부장과 가산제 군주가 행사하는 '전통적 지배'의 형태가 여기에 속합니다.

둘째는 비범한 개인의 천부적 자질에 의한 권위를 들 수 있습니다. 한 개인이 전하는 신의 계시나 그가 갖는 영웅적 자질, 다른 지도자적 자질에 대해서 피지배자가 개인적으로 헌신하고 신뢰하는 것이 지배의 정당성 근거가 됩니다. 이것은 '카리스마적 지배'로서 예언자 또는(정치 분야에서는) 선출된 전쟁 군주, 국민투표에 의한 통치자, 탁월한 데마고그, 정당 지도자들이 행사하는 지배 형태입합니다.

마지막은 '합법성'에 의한 지배 형태입니다. 이것은 합법적 규약의 타당성에 대한 믿음 그리고 합리적으로 제정된 규칙이 정하는 객관적 권한의 타당성에 대한 믿음에 의거한 지배 형태입니다. 여기서 복종은 법규가 규정한 의무의 수행을 의미하며 이런 뜻의 복종 자세는 지배가 갖는 정당성의 근거가 됩니다. 이것은 근대적 '관료'를 비롯하여 관료와 유사한 모든 권력자가 행사하는 지배 형태입니다.

— 막스 베버, 《직업으로서의 정치》 참고

생각 쓰기

1 가부장제

가부장제는 가장(家長)이 가족 성원에 대하여 강력한 권한을 갖고 가족을 지배하고 통솔하는 가족 형태이다.

가부장제의 가족 형태에서는 가족 성원이 세습적 규칙에 따라 지명된 개인의 지배를 받는데, 대개는 장남이 세습적으로 가장의 지위와 재산을 계승하며 안으로는 가족을 통솔하고 밖으로는 가족을 대표한다. 한국의 경우에도 봉건사회에서는 이 제도가 지배적이었는데, 가장과 가족 성원 사이의 권한 격차가 매우 커서 가장의 권위를 중심으로 하는 집안의 질서가 엄격하게 유지되었다.

2 가산제

가산제란 가부장 제도하에서 아들과 종속자에게 일정한 토지와 가재도구를 할당하여 줌으로써 가(家)의 권력을 분산적으로 유지하려는 지배 구조를 말한다. 막스 베버에 따르면 가산제는 국가가 군주의 세습재산처럼 취급되어 통치권과 소유권에 구별을 두지 않는 정치 형태로서 전통적 지배의 한 형태로 보았다.

3 정당성

정당성이란 그 사회의 정치 체제, 정치 권력, 전통 등을 올바르다고 인정하는 일반적 관념을 말한다. 정당성은 자발적 복종을 불러일으키며 정치 권력을 권위화하여 안정된 지배를 유지할 수 있게 해 준다.

카리스마의 사전적 의미는 '하나님이 내린 은혜', 혹은 '무상의 선물'을 뜻한다. 카리스마는 원래 기독교에서 그리스도인 개개인이 부여받은 소명까지 포함하는 의미였으며 후에 막스 베버가 이를 사회과학적 개념으로 확립시켰다. 일상의 차원을 넘어선 비범함과 보통의 인간과는 다른 초자연적·초인간적 재능이나 힘을 카리스마로 정의하고, 이에 대한 절대적 신앙을 바탕으로 맺어지는 지배와 복종의 관계를 카리스마적 지배라고 지칭함으로써 지배 형태의 하나로 규정했던 것이다.

카리스마적 지배는 법률에 의한 합법적 지배나 관습에 따른 전통적 지배와는 달리 카리스마의 소유자에 대한 개인적인 절대적 신앙을 바탕으로 한다는 점에서 그 형태를 달리하고 있다.

카리스마가 발산하는 독특한 매력은 특히 현대사회처럼 삶의 방향이 불확실하고 전통적 규범과 가치판단 기준, 합리적인 규칙의 변화 곡선이 가파른 경우에 두드러지게 나타난다. 이런저런 형태의 위기 상황에서는 평범한 일상의 틀을 벗어나는 특별한 현상에 대하여 카리스마적인 특성을 부여하려는 경향이 강하게 나타나게 마련이다. 그리하여 그동안 카리스마의 독점 영역으로 생각되어 왔던 정치, 종교 집단뿐만 아니라 기업의 경영자나 관리자들도 카리스마를 인위적으로 계발하려고 노력했다. 그리고 일류 기업체나 브랜드조차 카리스마적인 힘과 위신을 누리고 있는 것처럼 보이며,

일상에 지친 대중들은 연예인이나 스포츠 스타에게서 카리스마적인 영웅의 모습을 찾으려는 경향을 보이고 있다. 이처럼 카리스마는 이제 사회과학적인 개념이 아니라 우리의 일상에서 흔히 적용되는 일반적인 현상으로 자리 잡으면서 그 본래의 모습에서 상당 부분 멀어진 것도 사실이다.

이러한 객관적인 추세에 따라 우리는 카리스마를 보편적인 지배 현상으로서의 영웅이나 위대한 인간, 혹은 그와 관련된 성공 스토리를 설명하는 데 사용한다. 흔히 겉으로 뿜어져 나오는 가시적 힘과 카리스마를 연관시키거나, 무력으로 국가 권력을 휘어잡은 독재자들의 모습에서 강한 카리스마를 느끼기도 한다. 이는 개인에 대한 자질과 능력을 설명하는 과정에서 카리스마가 다분히 마초적으로 원용(援用)되었기 때문이다.

그러나 카리스마는 인간의 삶을 내면에서부터 변화·발전시키는 힘으로, 그것이 반드시 강하고 거칠게 나타나는 것은 아니다.

오히려 진정한 카리스마가 없을수록 의도된 카리스마를 과시하려는 경향이 있다. 이러한 형태의 사이비 카리스마는 독재나 전체주의의 한 형태로 나타나기도 하며, 우리나라뿐 아니라 제3세계, 혹은 소위 선진국에서조차 그 폐해를 심각하게 드러냈다.

생각 쓰기

주 요 개 념 및 배 경 지 식

1 마초

마초란 스페인어로 남자를 뜻한다. 지나치게 여성을 비하하거나 공격하는 성차별주의자 또는 남성 우월주의자를 일컫는 말이다. 마초는 이러한 남성적 기질을 지나치게 강조해 남자로 태어난 것이 마치 여자를 지배하기 위한 특권이라도 되는 듯이 행동하는 모습을 보인다. 마초의 두드러진 특징은 덩치가 크고 근육질이며 힘이 센 것을 자랑으로 여긴다는 점이다. 이들은 여기서 더 나아가 여성들을 비하하거나 공격함으로써 여성을 남성이 지배하는 대상으로 삼는 성차별주의나 남성 우월주의에 빠지기도 한다.

2 브랜드

브랜드란 특정한 생산자의 제품 및 서비스를 식별하는 데 사용되는 명칭, 기호, 디자인 등을 총칭하는 말이다.

기업이 자사 제품에 브랜드를 부여하는 것은 자신의 경쟁 상대 제품과 명확히 구별하기 위해서이지만, 이는 또한 소비자의 취향과 밀접한 연관이 있다. 기업은 소비자의 취향과 욕구에 맞추어 브랜드를 만들어 내고, 소비자들은 익숙해진 브랜드를 계속 선호하는 경향을 보인다.

가　진실이 드러남에 따라 황 교수 지지자들은 소수화되어 가고 있지만, 한편 그 소수 집단의 믿음은 더욱 공고해져 가는 것으로 보인다. 사회학자와 정치학자들은 이런 현상을 '카리스마' 와 '시간 지체' 라는 개념으로 설명한다.

　사회학자인 막스 베버는 대중에게 지배가 관철되는 세 가지 형태를 법률에 따른 지배(합법적 지배), 관습에 따른 지배(전통적 지배), 카리스마에 따른 지배로 분류해 설명했다.

　카리스마적 지배는 보통의 인간과는 다른 초자연적 · 초인간적인 재능이나 힘이 있다고 믿는 지도자에 대한 절대적 신앙을 근거로 맺어지는 지배와 복종의 관계를 뜻한다. 따라서 카리스마적 지배는 합법적 지배나 전통적 지배와 달리 카리스마의 소유자에 대한 절대적인 신앙을 바탕으로 하고 있다.

　카리스마에 대한 숭배는 심각한 실패나 실수를 하면 반감되나 맹신자들이 생기면 쉽게 해소되지 않는 성향이 있다. 이미 신념화된 숭배나 지지는 그것이 거짓이라는 것이 밝혀져도 대중들은 쉽게 인정하지 않는다. 이것은 일종의 시간 지체 현상으로 설명된다.

　권위적 지배나 비합리적 복종은 과정상 문제점이 드러나도 초기의 의도나 성과를 중시하는 경향이 강하다. 논문조작과 연구 과정의 사기가 명백히 드러나 '과학자로서 사망 선고'를 당한 사람에게 계속 기회를 줘야 한다는 여론이 형성되는 것은 유신 정권의 부도덕함과 인권 탄압이 속속 밝혀져도 박정희를 가장 존경하는 대통령으로 생각하는 국민 정서와 맞닿아 있다.

㉯ "원래 카리스마란 '신이 주신 재능'이라는 단어에서 유래된 말이에요. 그래서 현대에는 특별한 능력이나 자질을 지닌 사람이 자신을 카리스마적 지도자로 내세워 특별한 능력을 신에게 받은 것처럼 행사하기도 했지요. 여러분이 잘 알고 있는 보나파르트 나폴레옹이나 아돌프 히틀러, 모택동 등이 그 대표적이 예이지요."

그동안 나는 단순히 텔레비전에 나오는 연예인들의 멋진 모습을 카리스마라고 생각했는데 원래 그 단어에 그렇게 깊은 뜻이 있었는지 처음 알았지 뭐야.

"하지만 근대에 이르러서는 카리스마란 타고나는 것이 아니라 만들어지는 것이라는 쪽으로 그 개념이 바뀌어 가고 있지요. 참된 카리스마로 이루어진 지도자는 자신이 이끌어 가고 있는 사람들과 신뢰와 헌신으로 관계를 맺게 됩니다. 이 관계는 법적인 형식적 절차나 전통적 관습 또는 재정적 뒷받침에 의지하지 않아요. 오로지 지도자 고유의 카리스마에 대한 내면적인 믿음에만 근거하고 있지요."

"……"

신뢰와 헌신. 그리고 내면적인 믿음……. 선생님께서는 과연 우리가 그러한 조건을 바탕으로 반장을 뽑았는지 묻고 계신 듯했어. 우리는 아무도 할 말이 없었지.

"그렇다면 그러한 내면적 믿음을 주기 위해서 지도자는 어떠한 것을 갖추어야 할까

요? 우리가 흔히 리더십을 지녔다고 말하는 것은 어떤 걸 의미하는 걸까요? 카리스마

를 지닌 리더는 먼저 명확한 미래의 꿈을 가지고 있어야 해요. 유혹적인 꿈 말고 정말

우리 반의 발전을 바라는 마음으로 그려 낸 꿈 말이지요."

– 《막스 베버가 들려주는 카리스마 이야기》 중에서

주요 개념 및 배경 지식

1 신념

신념이란 어떤 사상이나 주장 등을 적절한 것으로, 또는 진실한 것으로 인정하고 받아들이는 태도를 말한다. 신념은 때로는 객관적 사실과 진실을 과장 또는 왜곡할 수 있다. 이러한 잘못된 신념의 예로는 미신, 편견, 고정관념 등을 들 수 있다. 개인에게 모든 신념이 똑같이 중요한 것은 아니다. 신념 중 중심적인 것일수록 잘 변화하지 않으나 한번 변화하면 다른 신념에까지 영향을 미친다.

2 신드롬

신드롬이란 공통적으로 나타나는 병적 조짐을 말하며, 증후군이라고도 한다. 증세는 명확하나 어떤 특정한 병명을 붙이기에는 모호하다. 이러한 신드롬의 예로는 심리적으로는 성년이 되어도 어른들의 사회에 적응할 수 없는 '어른 아이' 같은 남성들이 나타내는 피터팬 신드롬, 인터넷의 사용 인구가 늘어나면서 인터넷을 하지 않으면 불안감을 나타내는 인터넷 신드롬, 모든 일을 완벽하게 하려다 지친 여성이 나타내는 슈퍼우먼 신드롬 등이 있다.

최근에는 대중매체의 영향력이 커지면서 특정 인물을 우상시하고 모방하는 문화 현상이 만연해 있는데 이러한 병적 현상을 신드롬이라 부르기도 한다.

아비투어 철학 논술

예시 답안

case 1 흔히 사람들은 자본주의에서 자신의 이익과 이윤을 탐욕스럽게 추구하는 것이 당연한 것이라고 파악한다. 그러나 제시문 ㉮에서 막스 베버는 자본주의가 탐욕에 기반을 둔 것이 아니라, 합리적인 경영에 의해 이윤을 추구하는 체계라고 보고 있다.

자본주의가 무절제한 탐욕에 의해 발생하지 않았다는 것은 제시문 ㉯의 내용에서 잘 드러난다. 막스 베버는 절제하고 금욕하는 종교적 입장이 자본주의를 탄생시킬 수 있는 자본의 축적을 가져왔다고 보고 있다.

자본주의가 발전하기 위해서는 그 발전의 원동력인 지속적인 자본의 축적이 있어야 한다. 만약 부를 사치나 향락으로 탕진하였다면 당연히 자본의 축적도 없었을 것이다. 청교도주의는 성실하게 노동하면서 금욕적인 생활을 추구하도록 가르침으로써 부를 낭비하지 않고 자본으로 축적하게 만들었고, 따라서 청교도주의가 바로 자본주의 정신이라고 말할 수 있다.

case 1 제시문 ㉮는 학문을 한다는 것이 일상생활에 필요한 지식들을 얻는 것이 아니라고 말한다. 학문이란 주술이나 미신 같은 신비하고 알 수 없는 어떤 힘을 믿는 것이 아니라 모든 것을 예측할 수 있고 통제할 수 있다고 믿는 것이다. 그래서 학문은 기술과 예측을 통해 세계를 파악하고자 한다.

그런데 이러한 학문이 항상 세상의 진리를 파악한다고 말할 수 없다. 왜냐하면 제시문 ㉯의 내용처럼 근대 자본주의 사회에서는 다양한 가치들이 충돌하고, 각각의 학문이 자신이 참이라고 서로 주장하기 때문이다. 그래서 어떤 것만이 참이며 확실한 것이라고 말할 수 없을 뿐만 아니라 오히려 자신이 진리라고 믿었던 것이 거짓으로 드러나기도 한다.

베버에 의하면 근대 자본주의 사회는 합리화된 세계이다. 합리화된 사회에서는 통일적인 세계관이 붕괴되고, 학문의 영역 또한 붕괴되어 서로 분리된다. 그로 인해 인접 학문의 연계성이 상실되고 서로 간의 교류도 줄어들어 다른 학문 간의 가치가 상충하는 일이 벌어지게 된다. 이것은 결국 우리가 학문을 통해 세상의 원리를 알아 가고 진리를 추구해 나가는 것이 어려워지는 이유가 된다.

case 1 막스 베버에 따르면 국가란 정당한 강제력을 통해 유지되는 지배 관계이다. 그리고 그는 지배의 유형에 따라 전통적 지배, 카리스마적 지배, 합법적 지배로 분류한다.

우선 전통적 지배는 옛날부터 통용되는 전통과 습관화된 관습에 의해 지배하는 형태이다. 대표적인 예로는 가부장제와 군주제를 들 수 있다. 다음으로 카리스마적 지배는 개인이 가진 특출한 능력을 통해 지배하는 형태로, 이 개인은 피지배자의 헌신과 신뢰를 통해 지배의 정당성을 담보한다. 국민투표에 의한 통치자, 예언자 등이 예가 될 수 있다. 마지막으로 합법적 지배란 법이 지니는 공정성과 타당성에 기반을 둔 것으로, 피지배자는 법이 객관적인 권한을 갖고 있다고 믿고 복종하기 때문에 합법적인 지배가 가능하다. 그 예로는 공무원이나 공무원과 유사한 모든 권력자가 행사하는 지배 행위에서 찾아볼 수 있다.

case 2 카리스마란 본래 '신이 주신 은혜', 혹은 '무상의 선물'을 뜻한다. 막스 베버는 이러한 카리스마를 개인이 가지는 비범함과 초자연적·초인간적 재능이나 힘이라고 정의하면서, 이에 대한 절대적 신앙을 바탕으로 맺어지는 지배와 복종의 관계를 카리스마적 지배라고 보았다. 그리고 이러한 카리스마적 지배는 카리스마를 가진 개인에 대한 절대적 믿음을 바탕으로 이루어진다.

카리스마적 지배는 장점과 단점을 모두 갖는데, 우선 장점은 사회가 불안정하거나 정체되어 있을 때 카리스마를 가진 지도자를 통해 결집력이 강화될 수 있고 역동성을 찾을 수 있다는 점이다. 그런데 이러한 카리스마적 지배의 특성이 상업적으로 이용되거나 정치적으로 이용되면서 단점이 나타난다. 상업적인 측면에서 사람들이 거대한 기업이나 브랜드를 마치 영웅이나 신처럼 떠받드는 현상은 카리스마를 의도적으로 만들어 냄으로써 사람들의 생각을 마비시키고 소비의 도구로만 전락시키는 부정적 측면을 그대로 보여 준다. 소비자로 하여금 상품에 대한 비판 없이 소비하도록 부추기는 것이다.

또한 정치의 측면에서 카리스마적 지배는 독재나 전체주의를 낳을 수 있다는 점에서 그 부정적 측면을 엿볼 수 있다. 독일의 아돌프 히틀러를 예로 생각해 보자. 소수의 권력자들이 사회를 통제하기 위해 일반 대중 앞에 군림하고, 그 지배를 강화하기 위해 폭력을 행사하는 과정에서 카리스마가 악용될 수도 있다는 것이다.

case 3 제시문 ㉮는 황우석 교수의 사건에서 나타난 사회적 문제점을 지적하고 있다. 황 교수가 부정을 저질렀음에도 불구하고 지지자들이 생기고 우리 사회 전체가 한동안 떠들썩했던 것에서 카리스마적 지배의 단점을 그대로 보여 준다. 카리스마적 지배는 개인에 대한 무조건적인 믿음과 지지를 통해서 가능한 것이기에 사람들은 그 개인의 잘못을 알고도 종종 잘못된 판단을 내리게 되는 것이다. 이 과정에서 사람들은 일의 동기와 과정에 대한 고려 없이 무조건 결과만을 추종하는 잘못된 태도를 보여 준다. 카리스마적 지배의 장본인을 무비판적으로 수용하는 것이다.

제시문 ㉯는 이러한 카리스마적 지배가 보여 주는 폐해를 극복하기 위해서 사람들은 올바른 지도자를 뽑아야 한다고 말하고 있다. 참된 카리스마를 가진 지도자는 눈앞의 이익이 되는 돈이나 허상에 가까운 꿈을 제시하는 것이 아니라, 명확한 미래의 꿈을 제시할 수 있어야만 한다. 그리고 사람들은 그 지도자가 올바른 판단 능력과 의지가 있는지 맹목적으로 따르기만 할 것이 아니라 비판적으로 따지고 생각해 볼 수 있어야 한다.

Abitur

키르케고르가 들려주는 죽음에 이르는 병 이야기

저자_소병일

고려대학교 철학과 대학원 박사 과정을 수료했으며, 중앙유웨이 논·구술 특
강 논술 전문위원으로, 현 동덕여대 '발표와 토론' 강사로 재직 중이다.

죽음에 이르는 병

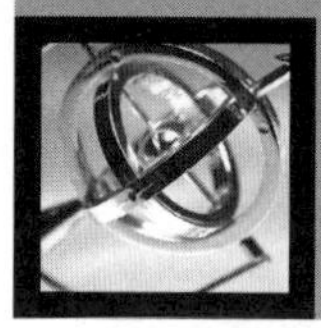

죽음에 이르는 병

1 실존 개념의 재규정

　예술의 소재로 제한되었던 죽음, 불안, 절망 등의 개념이 19세기의 키르케고르에 의해 철학에 적극적으로 도입되기 시작했다. 그는 인간의 죽음에 대해 고려하지 않은 채 보편적 진리를 추구하는 방식이 철학의 방향을 잘못 설정해 왔다고 비판하면서, 기존의 철학이 간과해 왔던 죽을 수밖에 없는 인간 유한성을 부각시킨다.

　키르케고르는 인간을 '유한성과 무한성', '시간성과 영원성', '자유와 필연' 등과 같이 서로 모순되는 것들의 종합으로 규정한다. 이러한 인간의 고유한 특성 때문에 인간 밖에 독립적으로 존재하는 절대적이고, 영원한 진리를 상정하고 이를 추구하는 시도는 결국 실패할 수밖에 없다. 키르케고르는 오히려 도달할 수 없는 그러한 진리를 추구하고 있는 '자기 자신'을 돌아볼 것을 촉구한다. 그리고 그는 이러한 자신과의 관계 맺음을 '실존'이라고 정의한다.

　본래 전통적인 철학에서 '실존'은 '본질'의 반대편에 서 있다. '본질'이란 가변적인 현실 속에서도 항상 변하지 않고 머물러 있는 것, 즉 보편적인 것을 의미한다. 그리고 '실존'은 그저 어떤 것이 실제로 있다는 사실만을 의미했다. 그것은 가변적이고 불확실한 것일 수 있으며, 그저 우연히 존재하는 것일 수도 있다. 그러나 키르케고르는 이러한 전통적인 실존 개념을 다르게 사용한다. 그는 실존을 '역설적 존재로서의 개인이 자기 자신과 맺는 관계'라고 재규정하면서, 인간이 처한 고유한 상황을 표현하고 있다.

그로 인해 철학은 객관적 진리를 획득할 수 있는 보편적 인간이 아닌, 죽을 수밖에 없는 개별자로서의 인간에 주목하고 '진리를 추구하는 자기 자신과의 관계'에 집중하게 되었다. 키르케고르의 '실존' 개념은 이후 하이데거, 사르트르 등의 철학자에게 중요한 영향을 미쳤고, 결국 20세기 실존철학의 흐름을 형성하기에 이른다.

② 본질 철학에 대한 비판

본질 철학이란, 가변적이고 불확실한 현실 세계 속에 불변적이고 확실한 보편성이 존재한다는 것을 전제하는 철학이다. 그리고 그러한 보편성에 모든 가변적 현상들에 우선하는 본질의 지위를 부여한다. 그리고 이러한 본질이 인간의 사유를 통해 파악될 수 있다고 주장한다. 그러나 키르케고르가 보기에 본질 철학은 일종의 환상을 좇고 있다.

"맹세하건대 사유는 결코 개별 인간의 이러한 점(유한성)을 제대로 고찰할 수 없다. 사유는 다만 개별 인간을 종 안에 환상적으로 보편화시켜 버릴 뿐이다."

– 키르케고르, 《죽음에 이르는 병》 참고

인간이 사유하는 이성적 존재일 때에만 비로소 참된 인간일 수 있다면, 참된 인간이 되기 위해 우리는 유한하고 구체적인 인물로서의 자신을 버려야 한다. 그러나 그러한 구체적 부분 역시 우리의 중요한 특징임은 부정할 수 없다. 객관적 진리에 대한 맹신으로 자신의 구체성을 기꺼이 포기하고자 하는 자를 키르케고르는 추상적 사상가라고 비판하고, 희극적인 사람이라고 칭하기도 한다. 키르케고르가 보기에, 죽을 수밖에 없는 유한한 존재인 인간은 무한하고 영원한 진리와 결코 일치될 수 없다. 왜냐하면 영원한 존재만이 영원한 진리를 획득할 수 있는데, 인간은 시간성(유한성)과 영원성(무한성)의 종합이기 때문이다. 따라서 보편적이고 절대적인 진리의 획득은 불가능하다. 키르케고르는 유한성과 구체성을 갖는 개별자로서의 인간을 부각시키면서 개별자로서의 인간이 보편자로 환원될 수 없음을 주장하였다.

❸ 절망을 통한 참된 자기 찾기

키르케고르에 의하면, 모든 인간은 절망을 경험한다. 예컨대, 계획이 실현되지 못했을 때나 목표가 좌절되었을 때 우리는 절망한다. 그런데 키르케고르는 이러한 절망이 계획이나 목표 자체에 대한 절망이 아니라고 말한다. 그것은 그러한 계획이나 목표를 지향하고 있는 '자기 자신'에 대한 절망이다. 이러한 절망에 이르게 되면 어떤 이는 고통을 잊기 위해 일시적인 쾌락에 탐닉하거나 절망 자체를 외면하려고 한다. 반면, 어떤 이는 자신의 절망에 용감하게 대면하고 어떤 대상을 추구하고 있는 자신의 모습을 직시하려고 노력한다. 키르케고르에게 바로 후자가 참된 자기를 회복하는 태도이다. 그는 이러한 태도로부터 진정한 자유가 실현된다고 보고 있다.

그는 절망이 우리에게 자유의 가능성을 열어 준다고 보았다. 절망은 고통스럽지만 반대로 절망은 모든 사람에게 진정한 자신의 모습으로 돌아갈 수 있는 기회를 제공해 주기 때문이다. 앞서 실존이란 '역설적 존재로서의 자기 자신에 대한 관계 맺음'이라고 했다. 절망을 통해 우리는 자신에 대해 반성하는 계기를 가질 수 있는데, 이러한 반성이 곧 자기 자신과 올바른 관계 맺기를 가능하게 해 주는 것이다. 즉, 실존할 수 있게 해 주는 것이다.

4 자유의 세 단계

키르케고르는 인간의 자유를 다음의 세 단계로 구분한다.

첫째, 심미적 단계에서의 자유이다. 심미적 단계에서의 자유란 직접적인 대상으로부터의 일시적 쾌락을 통해 얻는 자유이다. 그러나 이러한 자유는 사실 부자유이다. 왜냐하면 심미적 단계에서의 자유는 전적으로 대상에 의존할 수밖에 없기 때문이다. 일시적 쾌락을 주는 대상이 사라지면, 그로부터 얻는 자유 역시 사라진다. 또한 쾌락의 대상이 역설적으로 고통의 대상으로 변하기도 한다. 그럼에도 불구하고 이러한 자유를 갈구하는 자는 결코 성취할 수 없는 목적을 끊임없이 쫓는 우를 범할 수밖에 없다. 심미적 단계의 한계를 깨달은 자는 윤리적 단계로 이행한다.

둘째, 윤리적 단계에서의 자유이다. 그런데 키르케고르는 윤리적 단계에서의 자유 역시 좌절될 수밖에 없다고 말한다. 왜냐하면 이론으로서의 윤리를 통해서는 전 인류가 원죄를 가진다는 역설적 사실을 받아들일 수 없기 때문이다. 윤리학은 모든 인간이 이성적으로 행위할 수 있다는 사실만을 주장할 뿐이지, 구체적 인간으로서의 내가 죄를 짓고 산다는 사실을 포용할 수 없기 때문이다. 따라서 키르케고르는 윤리적 원칙에 입각한 삶을 통한 자유의 실현은 한계를 가진다고 말한다. 그에 의하면, 인간은 윤리학이 전제하는 것처럼 윤리적으로 행위할 수 있는 보편적 인간이기도 하지만, 동시에 죄를 짓고 사는 구체적 개인이기도 하다. 이러한 모순적 사실은 윤리적 단계를 넘어선 종교적 단계에서만 수용될 수 있다. 결국 키르케고르는 윤리적 단계를 넘어선 종교적 단계에로의 이행을 주장한다.

셋째, 종교적 단계는 신 앞에서 역설적인 존재로서의 자기 자신을 인정하는 단계이다. 신 앞에 홀로선 단독자로서의 개인은 어떤 대상을 추구하고 있는 자기 자신에 대해 반성하며, 이때 비로소 개인은 자신과의 올바른 관계를 설정할 수 있게 된다. 즉, 참된 자신을 회복하게 되는 것이다. 키르케고르는 바로 이러한 종교적 단계에 이르러 인간의 진정한 자유가 실현될 수 있다고 보았다.

case 1 다음 제시문 ㉮와 ㉯를 통하여 전통적인 본질철학에 대한 키르케고르의 비판적 입장을 바탕으로, 그가 실존주의의 선구자라 불리는 이유를 서술하시오.

㉮ 본질철학이란, 가변적이고 불확실한 현실 세계에 불변적이고 확실한 보편성이 존재함을 전제하는 철학이다. 그리고 그러한 보편성에 모든 가변적 현상들에 우선하는 본질의 지위를 부여한다. 또한 그것은 이러한 본질이 인간의 사유를 통해 파악될 수 있다고 주장한다. 그러나 키르케고르가 보기에 본질철학은 일종의 환상을 좇고 있다.

인간이 사유하는 이성적 존재일 때에만 비로소 참된 인간일 수 있다면, 참된 인간이 되기 위해 우리는 유한하고 구체적인 인물로서의 자신을 버려야 한다. 그러나 그러한 구체적 부분 역시 우리의 중요한 특징임은 부정할 수 없다. 객관적 진리에 대한 맹신으로 자신의 구체성을 기꺼이 포기하고자 하는 자를 키르케고르는 추상적 사상가라고 비판하고, 희극적인 사람이라고 칭하기도 한다. 키르케고르가 보기에, 인간은 무한하고 영원한 진리와 결코 일치될 수 없다. 왜냐하면 영원한 존재만이 영원한 진리를 획득할 수 있는데, 인간은 시간성(유한성)과 영원성(무한성)의 종합이기 때문이다. 따라서 보편적이고 절대적인 진리의 획득은 불가능하다. 그럼에도 불구하고 이러한 진리를 획득하고자 하는 애쓰는 사람은 결코 달성할 수 없는 환상을 좇고 있는 셈이다.

㉯ 본래 전통적인 철학에서 '실존' 은 '본질' 의 반대 개념이었다. '본질' 이란 가변적인 현실 속에서도 변하지 않고 머물러 있는 것, 즉 보편적인 것을 의미한다. 그리고 '실존' 은 그저 어떤 것이 실제로 있다는 사실만을 의미했다. 그것은 가변적이고 불확실한 것일 수 있으며, 그저 우연히 존재하는 것일 수도 있다. 그러나 키르케고르는 이러한 전통적인 실존 개념을 다르게 사용한다. 그는 실존을 '역설적 존재로서의 개인이 자기 자신과 맺는 관계' 라고 재규정하는, 즉 인간 내면성을 표현하고 있다.

그로 인해 철학은 객관적 진리를 획득할 수 있는 보편적 인간이 아닌, 죽을 수밖에 없는 개별자로서의 인간에 주목하고 '진리를 추구하는 자기 자신과의 관계' 에 집중하게 되었다. 키르케고르의 '실존' 개념은 이후 하이데거, 사르트르 등의 철학자에게 중요한 영향을 미쳤고, 결국 20세기 실존철학의 흐름을 형성하기에 이른다.

생각 쓰기

1 본질

'본질' 개념의 의미 폭은 철학사만큼이나 넓다. 여기에서는 키르케고르가 비판한 '본질철학' 에 국한하여 본질의 의미를 풀이한다. 본질이란 변화하는 현실 속에서 결코 변화하지 않는 것, 즉 영원하고 언제 어디에서나 존재하는 보편성을 말한다. 예컨대, 개별적인 각각의 사람은 죽을 수 있지만, '사람의 본질' 은 죽거나 살아나지도 않고 변화하지 않는 영원한 것이라고 말할 수 있다. 또 다른 예로, 각각의 사람들은 외모나 성격 등 여러 가지 면에서 차별성을 갖지만, 그들 모두 '사람의 본질' 이라는 단일한 공통성을 가지고 있다고 볼 수 있다. 가변적 세계 내에 이러한 보편성이 본질로서 존재한다고 인정하는 철학이 바로 본질철학이다.

2 역설

역설의 가장 기본적 의미는 '배중률에 위배됨' 을 의미한다. 배중률을 쉽게 풀어 말하자면, 이것도 아니고 저것도 아닌 중간적 입장의 제3자는 인정되지 않는 논리 법칙을 말한다. 즉, 'A는 B이거나 B가 아니거나 둘 중 하나이어야 함' 을 의미한다. 예컨대, 수달은 동물이거나 아니면 동물이 아닌 것이어야 한다. 우리는 수달이 동물이라는 사실을 알고 있다. 따라서 "수달은 동물이면서 동시에 동물이 아니다"

라고 말하는 것은 명백한 거짓이다. 즉, 그러한 주장은 배중률에 위배된다. 그런데 키르케고르에 의하면, 인간은 배중률에 위배되는 특수한 존재이다. 배중률에 부합하려면 인간은 무한한 존재이거나 아니면 무한하지 않은 존재(유한한 존재), 둘 중 하나이어야 한다. 그러나 키르케고르에 의하면, 인간은 무한성과 유한성의 '종합'이다. 즉, 인간은 무한한 존재이면서 동시에 유한한 존재라는 것이다. 따라서 인간은 배중률에 모순되는 존재이다. 키르케고르가 인간을 '역설적인 존재'라고 말한 이유가 바로 여기에 있다.

02강 진리 개념의 재규정과 인간의 진리 획득 방식

case 1 플라톤은 자신의 여러 대화 편에서 소크라테스를 등장인물로 삼아 자신의 철학적 입장을 제시하였다. 특히 제시문 ㉮에서 플라톤은 수학적 진리의 도출 과정을 보여 주면서 인간의 진리 파악 방식을 설명하고 있다. 한편, 제시문 ㉯에서 키르케고르는 객관적 대상으로서의 진리를 획득하고자 하는 사상가들을 비판적으로 서술하고 있다. 아래의 두 제시문을 읽고 다음 질문에 답하시오.

❶ 제시문 ㉮에 나타난 플라톤의 진리관과 인간의 진리 파악 방식에 대한 그의 견해를 정리하시오.

❷ 플라톤의 위 견해에 대한 키르케고르의 비판적 입장을 제시문 ㉯를 바탕으로 서술하시오. 단, 키르케고르가 기존의 진리 개념을 어떻게 변화시켰는지, 그리고 그러한 진리가 어떻게 획득될 수 있다고 보았는지에 대한 설명을 포함시키시오.

㉮ 소크라테스: 메논, 다시 잘 생각해 보게. 이 소년이 이제 '상기' 의 어느 단계에 와 있는가? 처음에 그는 8평방피트의 도형의 변이 어떤 것인지 몰랐었네. (……) 그렇지만 그땐 적어도 그걸 자기가 알고 있다고 생각했고, 따라서 대담하게 아는 자로서 대답했었지. (……) 그러나 이제는 자신이 당혹해함에 생각이 미치고, 따라서 자신이 모르고 있듯, 자신이 알고 있다고 생각하지도 않네.

메논: 정말입니다.

소크라테스: 그러니까 이제 그는 자기가 알지 못하고 있던 것과 관련하여 보다 나은 상태에 있겠지?

메논: 그 점 역시 그렇게 생각됩니다.

(……)

소크라테스: 그렇다면 모르고 있는 사람에게도 자기가 모르고 있는 것들에 대한 참된 의견들이 내재해 있겠네?

메논: 그런 것 같습니다.

소크라테스: (……) 누군가 그에게 같은 것을 여러 차례에 걸쳐 여러 가지 방식으로 질문하게 되면, 그는 마침내 이것들에 대해서 어느 누구 못지않게 정확하게 인식하게 될 것이라는 것을 자넨 알고 있네.

메논: 그럴 것 같군요.

소크라테스: 그러니까 아무도 가르쳐 주는 일 없이 다만 질문만 할 뿐인데도, 그 자신 스스로부터 지식을 되찾게 됨으로써 인식하게 되는 거겠지?

메논: 예.

소크라테스: 스스로 자신 속에 있는 지식을 되찾는다는 것은 상기하게 되는 것이 아니겠나?

메논: 물론입니다.

(……)

소크라테스: 그러니 만일 사물들의 진리가 언제나 우리들의 혼 안에 있으며, 혼이

죽지 않는다면 용기를 내어 지금 자네가 알지 못하고 있는 것을 — 이는 상기하지 못하고 있을 뿐이므로 — 탐구하고 상기하도록 시도하지 않으면 안 되겠지?

— 플라톤, 《메논》 중에서

㉯ 추상이라는 순수 존재 속에서 살고 있는 환상적인 존재, 그리고 마치 나무 막대기를 멀찍이 세워 놓듯이 그렇게 추상적 본질을 자신에서부터 멀찍이 세워 놓는 그러한, 때로는 불쌍하기까지 한 한 교수의 형상이다. 그러한 추상적 사상가의 삶의 도정을 읽어 보면 — 그의 작품들은 아마도 뛰어날 것이다 — 인간으로 존재한다는 것이 무엇인가를 때때로 생각하는 사람의 등골이 오싹해질 것이다.

(……)

진리에 대해 객관적으로 물음을 던질 때, 인식하는 자는 그가 관계하고 있는 대상으로서의 진리에 대해 객관적으로 반성하는 것이다. 여기서 그는 관계에 대해 반성하지 않고 그가 관계하고 있는 것이 진리라는 것에 대해, 즉 그가 관계하고 있는 참된 것에 대해서만 반성할 뿐이다. 그가 관계하고 있는 것이 진리일 경우에만 주체는 진리 안에 있는 것이다. 그러나 진리에 대해 주관적으로 물음을 던질 때에는 개인의 관계에 대해서도 주관적인 반성이 이루어진다. 이러한 관계의 방법이 진리 안에 있기만 한다면, 이때의 개인은 비록 그가 비(非)진리와 관계했다 하더라도 진리 안에 있는 것이다.

— 키르케고르, 《철학적 조각들에 대한 결론으로서의 비학문적 후서》 중에서

인간이란 정신이다. 정신이란 무엇인가? 정신이란 자기이다. 자기란 무엇인가? 자기란 자기 자신과 관계하는 관계이다. 즉 거기에는 관계가 자기 자신과 관계하는 것들이 포함돼 있다. 자기란 단순한 관계가 아니고, 관계가 자기 자신과 관계하는 바를 의미한다.

인간은 유한성과 무한성, 시간성과 영원성, 자유와 필연의 종합이다. 요컨대 인간이란 종합이다. 종합이란 양자 사이의 관계이다. 그러나 이것만으로는 인간은 아직 아무런 자기가 아니다.

양자 사이의 관계에 있어서 관계 그 자체는 부정적 통일로서의 제삼자이다. 그들 양자는 관계에 대해 관계하는 것이며, 그것도 관계 속에서 관계에 대해 관계하는 것이다. 예를 들면 인간이 영혼이라고 할 경우, 영혼과 육체의 관계는 그와 같은 관계이다. 이에 반해 관계가 그 자신에 대해 관계한다면 이 관계야말로 적극적인 제삼자인 것이며, 그리고 이것이 자기인 것이다.

(……)

이와 같이 도출되어 정립된 관계가 바로 인간인 자기인 것이다. 그것은 인간이 자기 자신과 관계하는 것이요, 동시에 자기 자신과 관계하는 것처럼 그렇게 타자와 관계하는 관계이다.

– 키르케고르, 《죽음에 이르는 병》 중에서

– [2006] 서강대 정시 논술에 유사 제시문 출제

생각 쓰기

03강 심미적 단계에서의 자유와 윤리적 단계로의 이행

case 1 다음의 두 제시문을 읽고, 심미적 단계의 자유가 가지는 한계점이 무엇인지 설명하시오.

개인은 인생의 모든 쾌락을 향유하기 위해서는 나비가 이 꽃에서 저 꽃으로 날아다니듯이, 돈 후안이 1,003명의 여자를 차례로 유혹했듯이, 결코 한군데 머물러 있어서는 안 된다. 언제나 새로운 쾌락의 가능성 속에서 부동하며 재치 있게 삶을 향락해야 하는 것이다.

그러나 인간은 직접적, 감성적인 동시에 또한 영성을 갖추고 있으며, 영성은 언제나 감성의 껍질을 뚫고 나오려고 한다. 그래서 인간은 지금 있는 곳에 지금 하고 있는 일에 안주하지 못하고 마치 고향을 떠난 사람같이 말할 수 없는 향수, 우수, 권태, 불안 가운데 있게 되는 것이다.

— 키르케고르, 《이것이냐 저것이냐》 중에서

"키르케고르는 세 가지 삶의 단계에 대해 말했단다. 먼저 육체적 쾌락을 즐기는 미적 단계에는 '쾌락의 패러독스' 라는 것이 있는데, 패러독스라는 건 '역설' 이라는 뜻이야. 자기가 원하는 쾌락으로 만족을 이루는 바로 그 순간에 사람들은 불만족을 느끼게 된다는 그런 뜻이란다. 그러니까 미적 단계는 완전한 쾌락 추구가 되지 못한다는 거지."

"아, 알 것 같아요. 저도 언젠가 게임을 하는데 한 레벨을 다 끝내면 바로 그 다음 레벨로 가고 싶고, 그렇게 자꾸만 하다보니까 밤이 될 때까지 하게 되었어요. 아무것도 안하고 게임만 몇 시간 하고 나니까 기분이 무척 나빠지더라고요."

– 《키르케고르가 들려주는 죽음에 이르는 병 이야기》 중에서

생각 쓰기

"절망은 장점일까 단점일까? 변증법적으로 말해서, 확실히 절망은 양자를 모두 가지고 있다. 절망하고 있는 인간을 생각하지 않은 채 어디까지나 추상적 사상이라고 할 만한 절망을 생각한다면, 절망에는 큰 장점이 있다고 말하지 않을 수 없으리라. 이 병에 걸릴 수 있다는 가능성이 인간을 동물보다 뛰어나게 하는 장점인 것이다.

(……)

그러나 절망은 전적으로 보편적이다. 사람이 절망하고 있다는 것은 드문 일이 아니다. 오히려 사람이 진실로 절망하고 있지 않다는 것이 극히 드물고 희귀한 일이다.

(……)

절망하는 자는 무언가에 대하여 절망한다. 한순간 그렇게 보인다. 그러나 그것은 다만 순간일 뿐이다. 그가 무언가에 대하여 절망하고 있는 것은 사실 자기 자신에 대해 절망하고 있는 것이며, 그 때문에 자기 자신으로부터 벗어나려 하는 것이다. '황제가 아닐 바에는 차라리 무(無)'를 원하는 집권욕에 가득 찬 야심가는 황제가 되지 못하면 그것에 대하여 절망한다. 그러나 이것은 사실 다른 것을 의미한다. 즉, 그는 황제가 되지 못했다는 바로 그것 때문에 자기 자신으로 존재하는 것을 이제 참지 못한다. 그러므로 그의 절망은 그가 황제가 되지 못한 것에 대한 절망이 아니고, 황제가 되지 못한 자기 자신에 대한 절망이다. (……) 좀 더 정확하게 말한다면, 그가 자기 자신으로부터 도망갈 수 없다는 바로 이 점이 그에게는 가장 견딜 수 없는 것이다."

– 키르케고르, 《죽음에 이르는 병》 중에서

"절망하고 있는 사람은 절망 가운데 서 있고, 거기에 충실할 것을 요구받는다. 하지만 어떤 사람은 절망에 진실하게 부딪치면서 자기를 찾는 사람이 있고, 어떤 사람은 절망을 피하려고 하지."

– 《키르케고르가 들려주는 죽음에 이르는 병 이야기》 중에서

생각 쓰기

04강 윤리적 단계에서의 자유와 종교적 단계로의 이행

case 1 다음의 두 인용문을 읽고, 윤리학의 한계에 대한 사르트르와 키르케고르의 공통적 입장을 간략히 서술한 뒤, 양자의 차이점을 구체적으로 논술하시오.

"이처럼 나는 나 자신과 모든 사람에 대해서 책임이 있으며, 내가 선택하는 어떤 인간의 개념을 창조한다.

(……)

즉, 스스로를 결정하는 자기일 뿐만 아니라 자아(自我)와 동시에 전 인류를 선택하는 입법자라는 것을 이해하는 인간은 자기의 전적, 그리고 심각한 책임의 의식으로부터 벗어날 수 없을 것이다.

(……)

또 나는 충고할 단 하나의 대답밖에는 없었다. 즉, 당신은 자유요, 선택하시오, 다시 말하면 창조하시오……라고. 할 바를 지시하는 어떠한 보편적인 모럴도 존재할 수 없소. 세상에는 아무런 표적도 없습니다.

(……)

실존주의는 일관성 있는 무신론적 주장을 끝까지 견지하여 그로부터 결과를 이끌어 내려는 노력 이외의 아무것도 아니다. 실존주의는 차라리 신이 존재한다손 치더라도 아무런 변화는 없을 것이라고 말한다. 그것이 우리의 견해인 것이다."

– 사르트르, 《실존주의는 휴머니즘이다》 참고

"죄의 개념에 상응하는 것은 진지함이다. 이제 윤리학은 죄가 나름대로의 자리를 발견할 것으로 기대될 수 있는 학문이 되어야 한다. 그렇지만 여기에는 커다란 어려움이 하나 있다. 윤리학은 여전히 일종의 관념적 학문이다. (……) 윤리학은 관념성을 과제로 내걸고 어떤 사람들에게나 다 필요한 조건들이 모두 구비되어 있다고 가정한다. 그렇기 때문에 윤리학은 모순을 드러내는 것이다.

(……)

만일 윤리학이 죄를 포함시키려고 한다면 윤리학의 관념성은 끝장이 나고 만다. (……) 윤리학의 과제를 실현시키려는 투쟁에서 죄는 우연적인 개인에게 그저 우연적으로만 속하는 그 무엇으로 나타나는 것이 아니라, 어떤 훨씬 깊고도 깊은 전제로서, 즉 개인을 훨씬 넘어서는 전제로서 더욱더 깊고도 깊은 곳으로 물러나 버리는 그 무엇으로 나타난다. 그렇게 되면 윤리학에서는 모든 것이 상실되는 바, 윤리학은 이제 모든 것을 잃어버리는 데 일조한 셈이 된다. 요컨대 윤리학이 전혀 미치지 못하는 곳에 있는 어떤 범주가 출현한 것이다. 원죄는 모든 것을 더욱더 절망적으로 만들어 버린다. 다시 말하자면 원죄가 어려움을 제거하는 셈이다. 그렇지만 윤리학의 도움을 받아서가 아니라 교의학의 도움을 받아서 그렇게 할 뿐이다.

(……)

엄밀한 의미에서 관념적이라고 불리는 학문인 윤리학과는 대조적으로, 현실성에서 출발하는 학문은 교의학에서 시작한다. 교의학은 현실적인 것을 관념성으로 끌어올리기 위해서 현실적인 것으로부터 출발한다. 교의학은 죄의 현존을 부정하지 않는다. 그 반대로 교의학은 죄를 미리 가정하며 그것도 원죄를 미리 가정함으로써 죄를 설명한다.

(……)

제일 윤리학은 단독자의 죄성(罪性)에 부딪쳐서 난파했다. 그래서 제일 윤리학은 이 죄성을 설명할 수 있는 것은 고사하고, 더욱 심각하고 윤리적으로 훨씬 풀기 힘든 수수께끼와도 같은 어려움에 빠져 버렸다. 왜냐하면 개인의 죄가 전 인류의 죄로 확산되었기 때문이다. 바로 이 지점에서 교의학이 나타나 원죄의 개념으로 구원의 손길을 내밀었다."

– 키르케고르, 《불안의 개념》 참고

"나는 나 자신을 잘못이 있는 존재로 선택할 때에만 나 자신을 절대적으로 선택하는 것이다. (……) 아들에게 상속되어 내려온 것이 아버지의 탓이더라고 하더라도, 그 아들은 그것을 함께 참회할 때에만 자기 자신을 절대적으로 선택할 수 있다. 눈물이 그에게서 모든 것을 완전히 씻어 낼 정도로 그가 계속해서 참회할 때에만 그는 자기 자신을 선택하는 것이다."

– 키르케고르, 《이것이냐 저것이냐》 참고

생각 쓰기

1 사르트르

프랑스 파리에서 태어난 사르트르는 철학자일 뿐 아니라 작가로도 활동했다. 그는 1938년에 소설《구토》를 발표하였는데, 여기서 그는 실존적인 문제를 비롯하여 우연성의 체험 등을 기술하였고, 이를 통해 세상의 주목을 끌게 되었다. 1939년 9월 전쟁에 참여하였다가 독일군의 포로가 되었으나 1941년 수용소를 탈출, 파리에 돌아와서 문필 활동을 계속하였다. 대표적인 저서로는《존재와 무》《실존주의는 휴머니즘이다》등이 있다.

2 모럴(moral)

모럴이란 기본적으로 사회적 관습이나 풍속을 통해 굳어진 가치 체계를 말한다. 이후 모럴 개념은 개인의 내면에 자리 잡은 도덕 관념이라는 의미를 추가적으로 가지게 되었다. 특히 현대에 이르러 모럴은 도덕·윤리와 거의 동일한 의미로 사용되고 있다.

여기서 우리가 주목하는 것은 사르트르가 비판한 '외적 기준으로서의 모럴'이다. 그는 우리가 처할 수 있는 모든 상황이 특수하기 때문에 그러한 개별적 상황의 특수성을 보편적 모럴로 포용할 수 없음을 주장한다. 더 나아가 그는 자기 스스로 올바른 원칙이 무엇인지 숙고해 보지 않은 채 모럴이라는 외부적 지침에 무조건적으로 의존하는 선택은 자유로운 선택이 아니라고 주장한다. 그는 모럴의 존재 자체를 부정하는 것이 아니라 그 모럴이 나 자신의 반성 체계로부터 나온 내적 모럴이냐, 아니면 일방적으로 수용·채택된 외적 모럴이냐를 문제 삼고 있다.

3 무신론적 실존주의

무신론적 실존주의란, 사르트르의 입장과 같이 신의 존재를 부정하는 실존주의를 말한다. 사르트르는 신의 존재 여부가 인간의 실존에 있어서 중요성을 갖지 않는다고 주장한다. 신이 존재하든 존재하지 않든, 인간의 실존적 상황에는 아무런 변화가 없다는 것이다. 이들은 사회적 규범과 기성의 가치 체계 뿐 아니라 종교적 교리에도 의지하지 않은 채, 오직 우리 자신이 올바름의 척도를 만들어가야 하며, 인간에 대한 모든 책임을 짊어지고 엄중히 행위해야 한다고 주장한다.

4 원죄

하느님은 인간을 창조하되 자기가 한 일에 책임을 지고 또 스스로 판단을 내릴 수 있는 '인격' 으로 창조하였다. 뱀이 아담과 하와를 꾀었을 때, 아담과 하와는 죄를 범하지 않을 수도 있었다. 아담은 그의 의지를 잘못 사용하여 하느님처럼 될 수 있다는 꾀에 넘어가 선악과를 따먹음으로써 죄를 범한 것이다.

– 《구약성서》 창세기 1장 31절 중에서

이것이 바로 원죄인데, 원죄는 전 인류의 죄가 되었다. 키르케고르는 '아담과 하와의 원죄가 전 인류의 죄가 되었다' 는 사실은 증명을 통해 확인될 성격의 것이 아니라 믿음의 대상이라고 말한다. 그가 윤리학을 비판하는 이유가 바로 여기에 있다. 윤리학은 어디까지나 과학적 학문이고 이러한 역설적 사실을 설명해 낼 수 없기 때문이다.

 키르케고르에 의하면, 윤리적 단계의 자유는 한계를 가지는데 이 한계는 윤리 내부에서는 설명될 수 없다. 그 한계는 종교를 통해 드러난다. 종교적 단계에서는 윤리적 원칙에 의거한 선택이 아닌 신 앞에 홀로 선 인간으로서의 결단이 이루어지는데 이러한 결단을 통해 비로소 진정한 자유가 실현된다. 그러나 윤리적 실존 양식의 한계에 대한 그의 인정이 올바르게 행위하고자 하는 인간의 의지가 무의미하다거나 모든 행위가 허용됨을 뜻하지는 않는다.
다음의 인용문을 바탕으로 신 앞에 홀로 선 인간으로서의 결단이 왜 자신에 대한 더욱 엄격한 반성과 신중한 선택을 요구하는지 그 이유를 논술하시오.

"그래. 우리들이 이처럼 남의 말이나 분위기에 휩쓸리지 않고 자신의 주관대로 행동하려면 어떻게 해야 할지 생각해 보자. 그러려면 먼저 진정한 자기를 발견해야 해. 키르케고르는 이렇게 말하고 있단다. 자기를 찾아라. 그리고 홀로 자신의 뜻을 지켜라."

"그런데 선생님, 자기를 찾는 것과 하느님 앞에 선다는 것이 무슨 상관이에요?"

아무래도 선생님의 말이 이해되지 않아 내가 물었다.

(……)

"하느님 앞에 설 때 사람은 진정한 자기가 되지 못하면 견디기가 어렵게 되지. 그러므로 인간이 진정으로 자기 자신이 되었는지는 하느님 앞에 외톨이로 서 있을 때에만 알 수 있게 되는 거란다."

– 《키르케고르가 들려주는 죽음에 이르는 병 이야기》 중에서

"그리스도교적인 영웅의 정신이란 대개 아주 드물게 밖에 볼 수 없는 것이기는 하지만, 굳이 전적으로 자기 자신이 되려고 하는, 다시 말해서 한 사람의 단독적인 인간, 신 앞에 혼자 서는 이 인간은 크나큰 노력과 책임을 지면서 오로지 혼자 서게 됨으로써 특정한 단독적인 인간이 되려고 하는 것이다.

(……)

종합은 자기 자신에게 관계하는 그 관계에서 오는 것이다. 그것도 인간을 이런 관계가 되게 한 신이 인간을 이른바 그 손에서 놓여지는 것을 통해, 즉 관계가 그 자신에 관계하기에 이르는 것에 의해서인 것이다. 그리고 그 관계가 정신이며 자기라는 바로 거기에 책임이 있게 되는데, 모든 절망은 이 책임하에 있는 것이고 절망이 있는 한, 그 모든 순간은 이 책임하에 있는 것이다. 가령, 절망하는 자가 착각을 하여 앞서 말한 현기증 발작의 경우와 같이 밖으로부터 덮쳐 오는 듯한 불행인 것처럼 자기 절망을 아무리 설명하고 아무리 교묘하게 이야기해서 자기 자신과 남을 속이려 해도 별 수가 없는 것이다."

– 키르케고르, 《죽음에 이르는 병》 중에서

생각 쓰기

단독자

단독자는 키르케고르 철학에 있어서 중요한 개념 중 하나로, 신 앞에 홀로 선 인간이라는 의미이다. 전통 철학에서 인간은 '이성적 동물'과 같이 정의될 수 있는 대상이었다. 이는 모든 인간에게 해당되는 정의이다. 그런데 이러한 정의에 따르면 '나는 인간이다'라고 말하는 순간, 특수한 체험을 하고 이러저러한 특성을 가진 구체적인 개인으로서의 나의 의미는 상실될 수밖에 없다. 그저 나는 이성적 동물이라는 단순한 정의로써 규정될 뿐이기 때문이다. 이에 반해, 단독자는 자신만의 고유한 역사를 가진 구체적인 개인이다. 이는 역설적 존재로서의 인간, 단지 보편적 인간으로서의 내가 아닌 보편성과 구체성을 동시에 담지한 구체적인 한 인간으로서의 나를 의미한다.

단, 단독자에 대한 키르케고르의 설명은 극단적인 개인주의를 의미하지 않는다. 그 반대로 키르케고르는 신 앞에 홀로선 단독자만이 진정한 이웃 사랑을 실현할 수 있다고 말한다. 단독자는 자기 자신을 날카롭게 바라보는 가장 솔직한 상태를 의미하는데, 이것이 실현될 때 비로소 타인에 대한 진정한 이해가 가능하기 때문이다.

case 1 기존의 전통 철학은 현실과 이상을 구분하고, 가변적인 현실 속에 이상으로서의 본질이 내재해 있다고 전제한다. 이때의 본질은 오직 인간의 사유에 의해 파악될 수 있는 진리이다. 이러한 본질에 반해, 실존은 가변적이고 우연적인 것으로 치부되어 왔다. 그러나 키르케고르는 실존을 다르게 규정하면서, 본질철학의 맹점을 신랄하게 비판한다. 그에 의하면, 실존이란 유한성과 무한성의 종합으로서의 역설적 인간이 그러한 자신에 대해 반성하는 것을 의미한다. 인간이 유한성과 무한성의 종합인 이상, 무한하고 영원한 진리를 획득하는 것은 원천적으로 불가능하다. 그에 의하면, 가장 확실한 사실은 "내가 죽는다"는 사실이다. 즉, 이성을 통해 보편적 진리를 획득할 수 있는 인간이 중요한 것이 아니라, 죽을 수 있는 유한한 존재로서의 내가 중요하다는 것이다. 이렇게 그는 기존의 철학이 간과해 왔던 인간의 죽음, 불안, 절망 등의 개념을 철학의 전면에 부각시키면서, 개별적 인간의 구체적인 모습 역시 중요한 철학적 요소임을 지적한다. 키르케고르에 의해 이성적 사유만을 강조하는 관념적 철학이 위기를 맞게 되었고, 본질철학에 대한 비판적 입장을 취하는 실존철학에 많은 영향을 미쳤다. 따라서 그는 실존주의의 선구자라 일컬어지게 되었다.

case 1

① 플라톤에게 진리는 수학적 명제와 같이 언제 어디서나 참인 객관적 진리이다. 즉, 보편타당성을 가진 진리이다. 또한 플라톤은 소크라테스의 입을 통해 인간이 이러한 진리를 '상기'를 통해 획득할 수 있다고 말하고 있다. 그에 의하면, 질문과 답변을 진행시켜 나아가는 대화술(산파술)을 통해 대화 당사자가 지금껏 잘못 알고 있었던 것을 깨달을 수 있다. 또한 그는 인간이 진리를 자신의 영혼 안에 이미 가지고 있었다고 주장한다. 따라서 인간은 산파술을 통해 자신이 무지했음을 깨달을 수 있을 뿐 아니라, 나아가 자신이 잠시 잊고 있었던 진리를 불러와 기억해 낼 수 있다는 것이다. 이러한 견해에는 보편적 진리라는 대상에 대한 인간의 완전한 인식이 원칙적으로 가능하다고 보는 태도가 포함되어 있다.

② 키르케고르가 보기에 가장 확실한 것은 "나는 죽는다"라는 사실, 즉 인간의 유한성이다. 이러한 인간의 유한성을 신중하게 고려하지 않고, 오직 객관적 진리라는 대상에 대한 탐구에만 몰입하는 자들을 그는 환상을 좇는 인간이라고 비판한다. 또한 키르케고르는 종종 그러한 자들을 희극적 인간이라 부르기도 한다. 소크라테스를 통해 드러난 플라톤의 태도 역시 희극적 태도라고 할 수 있다.

키르케고르에게 진리는 수학에 있어서의 보편타당한 명제와 같은 객관적 대상이 아니다. 그에 의하면, 진리는 인간이 추구하는 '대상'과 '그 대상을 추구하는 자기 자신'과의 '관계'에 대한 탐구 속에 존재한다. 진리는 인간 밖에 독립적으로 존재하는 것이 아니라, 자기 자신과 대상 '사이'에 존재한다는 것이다.

그러한 진리의 파악은 자기 자신에 대한 반성에 의해 이루어진다. 그에 의하면, 인간은 죽을 수밖에 없는 육체와 영혼의 종합, 시간성과 영원성의 종합, 그리고 유한성과 무한성의 종합이다. 인간은 모순들의 종합이라는 역설적 존재인 것이다. 결국 진리란, 객관적 대상과 그 대상을 추구하고 있는 자기 자신과의 '관계'에 대한 것이다. 이러한 관계에 대한 파악은 어떤 수학적, 과학적 증명 과정을 통해서가 아니라 '진리를 추구하고 있는 자기 자신'에 대한 반성을 통해 이루어진다.

주 제 탐 구 **03** 강 심미적 단계에서의 자유와 윤리적 단계로의 이행

case 1 심미적 단계에서의 자유란, 직접적이고 감각적인 대상으로부터 얻는 쾌락을 통해 일시적인 해방감을 얻는 것이다. 그러나 키르케고르에 의하면, 이러한 자유는 환상일 뿐이다. 예컨대, 미각적 쾌락을 계속해서 느끼기 위해 음식에 탐닉하다 보면 오히려 지나친 포만감에 고통스러워진다. 또한 일회적인 쾌락을 위해 어떤 대상에 몰두하였을 때, 그것은 종종 허무함과 공허함을 불러일으키기도 한다. 직접적인 쾌락은 고통을 야기하고 일시적인 만족감 역시 불만족을 초래하는 것이다. 어떤 것이 그와 모순되는 결과를 낳는 현상, 이것이 바로 역설적 상황이다. 그럼에도 불구하고 일시적 쾌락을 영원히 누리기 위해 또 다른 대상을 찾기에 급급하다면, 그는 자신의 욕망이 언젠가는 온전히 충족될 것이라는 환상을 좇고 있는 것이다.

이러한 삶의 태도는 자신의 문제를 근본적으로 해결시켜 주지 못하고 계속하여 자

기 자신으로부터 도피하는 결과만을 발생시킬 뿐이다. 새로운 대상을 찾아 계속 도피하고자 하지만 그러한 이동은 종결점을 갖지 못하기 때문에, 결국 끊임없는 악순환만 초래할 뿐이다.

case 2 절망이 고통이자 기회인 이유는, 인간이 절망을 통해 대상을 추구하고 있는 자기 자신에 대해 주목할 수 있기 때문이다.

예컨대, 집권욕에 가득 찬 야심가는 황제가 되지 못했을 때 절망을 느끼는데, 이 절망은 황제가 되지 못했다는 사실에 대한 절망이 아니라, 집권욕을 떨쳐 버리지 못하고 있는 자기 자신에 대한 절망이다. 이때 절망은 그로 하여금 자기 자신을 돌아봄으로써 자신의 문제를 직시하고 인정하는 계기를 마련해 준다.

물론 절망을 통해 자신의 모습을 되찾으려 노력하는 자가 있는가 하면, 심미적 단계에 머물러 또 다른 일시적 쾌락을 찾아 표류하는 자가 있다. 그러나 분명한 것은 모든 사람들이 절망을 경험한다는 점이다. 즉, 절망 자체는 보편적인 현상이라는 점이다. 따라서 절망의 상황에 처하여 자기 자신을 직시하는 것 역시 모든 사람에게 열려 있는 가능성이자 기회이다.

이 기회를 발판으로 자기 자신과의 올바른 관계를 설정하려 노력하는가, 아니면 다시금 심미적 단계에서의 환상을 쫓는 삶으로 빠져 드는가는 자신의 삶을 대하는 진정성에 달려 있다.

case 1 사르트르와 키르케고르는 모두 윤리학의 한계를 주장하고 윤리학을 넘어설 것을 촉구한다. 동시에 이들은 자신의 행위 하나 하나에 엄중한 책임을 질 것을 요구한다. 윤리학의 한계를 인정한다고 해서 임의대로 행동하는 태도를 허용하겠다는 의미는 결코 아닌 것이다. 단, 윤리학의 한계를 비판하는 이들의 입장에는 분명한 논점의 차이가 있다.

사르트르에 의하면, 윤리학은 우리에게 어떠한 구체적인 지침도 제공해 주지 못한다. 뿐만 아니라 기존의 윤리적 원칙에 의존하여 행동한다는 사실 자체에 이미 자유로운 행위의 가능성이 차단되어 있다. 그에게 자유로운 행위란 관습이나 사회적 규범을 비롯한 어떠한 외부적 기준에도 의존하지 않는 행위로서, 나 스스로 옳다고 판단하고 행한 결단이다. 그는 종교 역시 우리를 부자유하게 만드는 외부적 원인으로 보고 있다. 그에 의하면, 실존은 신에 의존한 삶이 아니라 오직 자기 자신을 비롯한 인간에게 충실한 삶이며, 자신의 선택에 전적인 책임을 질 준비가 되어 있는 삶이다.

한편 키르케고르에 의하면, 윤리학은 인간의 원죄를 해명할 수 없기 때문에 한계를 가진다. 윤리학은 모든 개별적 인간들을 윤리적으로 행위할 수 있는 인간으로 설정하고 시작한다. 즉, 윤리학은 이성적인 행위자라는 보편적 인간상을 전제하고 있다. 그러나 키르케고르가 보기에 인간은 이성적인 행위자에 그치는 것이 아니라, 동시에 원죄를 안고 사는 존재이다. 이때, 원죄는 이론으로 설명될 수 있는 성질의 것이 아니다. 그에 의하면, 아담이 선악과를 따먹어 지은 죄가 전 인류의 원죄가 되었다는 사실은 증명의 문제가 아니라 믿음의 문제이다. 그러나 이론은 인간의 원죄를 과학적으로 증명하고자 하며, 증명이 되지 않을 경우 부정하고자 한다. 결국 키르케고르는 원죄를 해명해 낼 수 없기 때문에 원죄를 부정하기에 이르는 윤리학의 전개 과정을 보여 준 뒤, 윤리학이 실패할 수밖에 없는 이유를 여기서 찾고 있다.

case 2 어떠한 외부적 지침에도 의존하지 않고 행위하기 위해, 그리고 자기 자신에 대해 직시하기 위해 키르케고르는 신 앞에 홀로 선 인간으로서의 결단을 주장한다. 신 앞에 홀로 섰을 때 사회적 이익 관계에 대한 모든 관심이 해소되고, 타자의 시선에 의한 흔들림도 배제된다. 이제 우리는 전적으로 자신의 양심에 의거하여 판단할 수 있는 것이다.

단, 신 앞에 홀로 서서 결단한다는 말은 신이 시키는 대로 한다는 의미가 결코 아니다. 신은 개인이 양심을 통해 본래의 자기로 돌아와 반성하고 숙고하는 모습을 말없이 지켜볼 뿐이다. 모든 판단과 선택은 신 앞에 선 바로 그 개인의 역할이다. 중요한 것은 절망으로부터 벗어나기 위해 타인들의 무리에 편입되거나 기존의 제도와 관습에 의존하는 태도가 지극히 불성의하다는 사실이다. 이러한 태도는 자신의 문제를 근본적으로 해결하지 못할 뿐 아니라, 불안을 증폭시킬 뿐이다. 키르케고르에 의하면, 이러한 불안은 양심에 기인한다. 신 앞에 홀로 선 단독자로서의 개인은 자신의 상황과 문제를 직시하는 고통을 감수하면서 양심을 되찾아 책임 있는 선택을 한다.

따라서 키르케고르는 윤리학의 한계를 인정함으로써 윤리적 태도를 버릴 것을 주장한 것이 아니라, 오히려 더 큰 관점에서 자기 자신에게 솔직하게 행위할 것을 촉구했다. 이는 더욱 엄격한 자기반성과 신중한 선택에 대한 강조이기도 하다.

철학자가 들려주는 철학이야기 037

노자가 들려주는 도 이야기

저자_**유성선**
현재 강원대학교 철학과 교수로 재직 중이다.

노자의 사상

1. 노자의 '도' 사상이란?
2. 노자의 '무위자연' 이란?
3. 노자의 마음 다스리기와 겸허한 삶이란?
4. 대립전화의 법칙이란?
5. 노자의 생명 중시 사상이란?

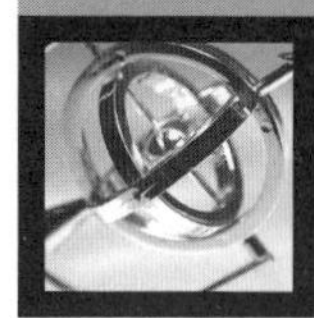

노자의 사상

① 노자의 '도' 사상이란?

노자는 중국 철학사에서 처음으로 '도(道)' 라는 개념을 사용해 천지 만물의 존재와 운동을 설명한 사상가이다. 원래 중국에서는 오랜 옛날부터 상제라는 개념을 갖고 자연현상과 사회현상을 설명하였다. 상제란 일종의 신과 같은 존재였다. 그러나 노자는 이런 상제보다 먼저 생겨 난 것이 '도' 라고 말한다.

노자는 '도' 에 관해 다음과 같이 설명했다.

" '도' 란 혼연히 이루어진 어떤 것인데, 그것은 천지보다 앞서서 생겨났다. 홀로 있으면 영원하고 두루 운행하면서도 위태롭지 않으므로 천하의 어미가 될 수 있다. 그 이름을 알지 못하나 억지로 비슷한 뜻을 찾아 별명을 붙여 주듯이 '도' 라고 이름 해 본다."

우리가 모든 존재와 사물의 궁극적 근원을 찾아가면서 질문을 깊고 넓게 하다 보면 근원을 찾을 수 있다. 그러나 노자는 '도' 를 찾는 과정은 이 세상의 근원을 안다고 자부하며 뽐내는 공부가 아니라, 겸손하게 자신을 낮추면서 편견을 덜어 내는 공부여야 한다고 말한다.

이런 공부를 통해 알아낼 수 있는 도는, 노자에 따르면 천지 만물의 근본이고 영원히 사라지지 않고 작용한다. 이 도는 어떤 의지도 갖지 않으며 그렇기에 천지 만물에 대해 사랑이나 미움도 갖지 않는다. 그러므로 도는 어떤 의지를 갖고 천지 만물을 사랑하거나 미워하지 않는다. 이처럼 노자는 천지 만물의 궁극적 실제인 도에는 아무런 의지나 목적도 없다고 분명히 말한다.

노자의 도를 이해하는 데 중요한 개념은 무(無)이다. 도는 인간의 감각에 드러나지 않을 뿐 아니라 인간의 생각에도 드러나지 않는다. 이렇게 보면 도는 무(無)라고 할 수 있다. 즉 도는 무형(無形)이고 무명(無名)인 무엇이다. 즉 노자에 의하면 도는 아무 형체도 없고 어떤 명사에 의해서도 규정할 수 없는 그 무엇이다.

그러나 본래 도란 길을 의미하기에 세상 어디로나 통한다는 뜻도 가진다. 노자에 의하면 도는 천지 만물 어디에나 통하면서 존재하는 지고한 그 무엇이다. 이런 점에서 단순히 도를 가리켜 무라고도 말할 수 없다.

② 노자의 '무위자연' 이란?

노자의 무위자연이란 한마디로 말해서 인위적으로 꾸미지 않은 자연스러움이다. 이는 커다란 길에 비유해서 설명할 수 있다. 큰길, 즉 대도(大道)는 어느 방향으로나 두루 통할 수 있다. 만물이 모두 이런 도에 의지하지만 정작 도는 그 무엇에도 간섭하지 않고, 공로가 있어도 그것이 자기의 것이라고 하지 않으며 만물을 자라나게 하지만 통제하지 않는다.

도가 가진 이런 본질, 즉 무위는 인간이 따라야 할 행위의 규범이 된다. 흔히 사람들은 무언가를 이루면 그것이 자기 것이라고 주장하고 자기 뜻대로 좌지우지하려고 한다. 하지만 만물의 실체인 도는 어떤 의도나 목적을 가지고 만물을 만들지 않으며, 더 나아가 자신이 생겨나게 한 사물들을 간섭하거나 지배하려고 하지도 않는다.

이런 노자의 생각은 당시 중국 사상계에서는 혁명적인 의미를 갖는 것이었다. 고대의 중국인들은 하늘에 있는 신적 존재인 상제가 이 세상을 지배한다고 생각했다. 그러나 노자는 지배자들이 이런 사상을 이용해서 백성을 억압하는 통치를 한다고 비판했다. 그리고 노자는 '사람은 땅을 본받고, 땅은 하늘을 본받고. 하늘은 도를 본받으며. 도는 자연을 본받는다' 는 말로 새로운 무위자연의 이치를 설명하였다.

노자는 억지로 하는 일과 꾸며서 하는 일 같은 것을 '인위' 라고 비판하고, 그 반대인 '무위' 의 사상을 전했다. '무위' 란 꾸밈없고 자연스러운 행위를 말한다. 하지만 이런 무위는 자연스러운 행위라고 언급되거나 정의되어서는 안 된다. 그렇게 말로 표현되거나 정의되는 순간 그것은 이미 자연스러운 것이 되지 못하고 인위적인 것이 되기 때문이다.

그렇다면 노자는 우리가 어떻게 해야 자연스러운 삶을 살 수 있다고 말했을까? 그는 우리 각자가 자신에게서 자연스럽지 않은 것, 불필요한 것들을 덜어 내는 방법으로 자연스러움을 회복할 수 있다고 말했다. 정치를 예로 들자면, 노자는 백성들에게 부담을 주지 않고 방해가 되지도 않으며, 또 백성들에게 잘했어도 잘했다는 흔적을 남기지 않는 것이 무위의 정치라고 말했다. 그리고 이처럼 무위로 다스리기 위해서는 당연히 높은 인격이 필요하다고 했다.

노자는 강과 바다가 온갖 시냇물의 왕이 될 수 있는 까닭은 자기를 잘 낮추기 때문이라고 말한다. 그러고는 위정자들도 백성들에게 겸허한 마음가짐을 가져야 한다고 가르친다. 사람은 부귀공명을 누리면 교만해질 수도 있고 물러날 시기를 놓치기도 쉽다. 하지만 자연의 사계절은 물러날 시기를 놓치지 않으며, 인간도 이처럼 자연스러워지고 교만한 마음을 버려야 한다는 것이 노자의 생각이다.

노자는 이처럼 사람이 자연을 모범으로 삼아 사는 것이 이상적이라고 생각한다. 사람이 땅을 본받는다는 것은 땅이 가지고 있는 자연스러운 본성을 따르는 것을 말한다.

노자는 세상 만물의 근원인 도의 모습을 물에 비유했다. 물은 약하고 부드럽지만 가장 낮은 데로 향하면서 어디에나 쉽게 스며드는 성질이 있다. 그러나 만물의 근원인 물은 만물에 간섭하지 않고 명령하지도 않는다. 이런 물의 성질은 무위자연의 도를 이해하는 데 도움이 된다.

물의 부드럽고 약하고 자신을 낮추며 남에게 스며드는 성질 때문에 강도 되고 바다도 되는 것처럼 사람들도 너그럽고 평안한 마음으로 자신의 마음을 다스릴 수 있는 사람이 되어야 한다는 것이 노자의 생각이었다.

4 대립전화(對立轉化)의 법칙이란?

노자는 부드러운 것이 강한 것을 이길 수 있고, 자기를 낮추면 오히려 높아질 수 있다고 주장한다. 이런 주장의 바탕에는 사물들이 대립전화한다는 세계관이 깔려 있다. 즉 대립하는 것이 서로 반대의 것으로 변할 수 있다는 것이다.

노자는 화와 복, 정상과 기이, 선과 악처럼 대립 상태에 있는 것은 변하여 반대의 것으로 전화한다고 생각한다. 사물이나 사건들이 이처럼 대립전화하는 까닭은 무엇일까? 노자의 생각에 의하면 모든 사물에는 그 대립자가 있다.

이런 대립의 예는 아름다움과 추함, 어려움과 쉬움, 길고 짧음, 높음과 낮음, 앞과 뒤 등 그 수를 헤아리기조차 힘들다. 고로 모든 사물은 한쪽이 없으면 다른 쪽도 존재할 수 없다. 그래서 노자는 '있음과 없음은 서로 생기게 하는 것' 이라고 말한다. 이러한 원리를 노자는 상반상성(相反相成)이라고도 표현한다. 그리고 이를 사물들이 생성하고 변화하고 발전하는 근본적인 동력이라고 본다.

이처럼 노자는 모든 사물과 사건이 자신과 반대되는 것을 자신의 존재 성립의 근거로 삼고 있다는 것, 그리고 모든 사물과 사건은 끊임없이 변화한다는 것을 전제로 삼아서 대립전화의 법칙, 즉 모든 사물과 사건은 자신과 반대되는 것으로 변화한다는 법칙을 주장하였다.

5 노자의 생명 중시 사상이란?

노자는 공동체보다 개인의 중요성을 강조했던 사상가이다. 노자는 개인이 사회적 역량에 의지해야 할 당위나 필요가 있다고 생각하지 않았다. 오히려 그는 개인을 제약하고 간섭하는 제도나 도덕이 없으면 없을수록 좋다고 생각했다.

이러한 노자의 사상은 경물중생(輕物重生)의 사상으로 발전한다. 경물중생이란 생명을 그 무엇보다 소중하게 여기는 것을 의미한다. 노자의 이러한 사상은 '사람들이 각각 자기의 생명을 소중히 가꾸고, 부질없이 다른 사람들에게 간섭하려 들지 않으면 천하는 저절로 안정될 수 있다'고 한 양주의 사상과 통하는 면이 있다.

노자에 의하면, 인간에게는 귀, 눈, 코, 입, 몸, 뜻 등의 욕구 기관이 있고, 이것들의 대상은 자연에 있다고 보았다. 그러므로 인간은 타고난 욕구를 자연스레 충족시켜야 삶의 의지를 위축시키지 않고 실현할 수 있다는 것이 노자의 생각이었다.

하지만 인간은 사회 속에서 살기 때문에 자기의 욕구를 마음껏 충족시키면서 자유롭게 살 수 없다. 인간이 몸담고 있는 사회의 여러 조건이 그를 내버려 두지 않기 때문이다. 더욱이 사회적 갈등이 그 어느 때보다 심각했던 전국시대의 중국에서는 다른 존재에 의해 다치지 않고 자신의 삶을 온전히 펼친다는 것이 거의 불가능한 일이었다. 그래서 노자는 사회로부터 도피해 자연의 품속에서 사는 것이 바람직하다고 생각했다.

01강 노자는 어떤 사람인가?

 오늘날 우리 사회에서는 양극화 현상이 심각한 사회 문제가 되고 있다. 다음 제시문을 읽고 노자의 대립전화의 법칙을 참고해서 성장론과 분배론 중 어느 쪽 의견이 타당한지 서술하시오.

㉮ 20 : 80이란 비율은 이탈리아의 경제학자 파레토가 한 말에서 유래했다. 그래서 이를 '파레토의 법칙'이라고도 한다. 파레토는 개미와 꿀벌의 행동을 관찰한 뒤 이 법칙을 생각해 냈는데, 현대사회에서도 이 법칙이 그대도 적용된다. 이 법칙은 구성원의 20%가 80%의 일을 하며, 상위 20%가 전체 중에서 80%를 차지한다는 것, 또 가게에 진열된 상품 중에서 20%가 80%의 매출을 올리는 등, 모두 20 : 80의 비율에 따른다는 것이다.

실제로 백화점의 경우를 보면, 단골 고객 20%가 백화점 매출의 80%를 차지한다. 즉 백화점은 온종일 많은 사람들로 북적대지만 대부분은 윈도쇼핑만 하고 돌아가는 고객이다. 그리고 20%의 단골 고객이 비싼 물건을 많이 구입한다. 따라서 백화점에서는 이들 최상위 고객의 관리에 신경을 많이 쓴다. 이것을 두고 '귀족 마케팅'이라고 부른다.

예를 들어, 최상위 고객만을 위한 별도의 세일 행사를 여는가 하면 전용 출입구나 대기실을 따로 준비하기도 하고, 값비싼 선물을 특별히 주기도 한다. 이들에게만 특별 서비스를 제공하는 것이다

㉯ 성장론자들은 경제가 발전하면 양극화가 자연히 해결된다고 주장한다. 먼저 파이를 크게 만드는 것에 치중하면 나중에 모두가 크게 나눠 먹을 수 있다는 논리이다. 이런 논리에 따르면, 작은 파이를 고르게 나눠 먹는 것은 어리석은 행위이다. 그런데 파이를 키우는 것은 기업의 일이다. 따라서 정부는 먼저 기업의 일을 도와주어야 하며, 이런 맥락에서 여러 가지 규제를 풀어 주고 세금을 깎아 줘야 한다는 것이 성장론자들의 논리이다. 이들은 기업이 잘되면 일자리가 늘어나서 자연스레 양극화 문제가 해결된다고 생각한다.

분배론자들의 생각은 성장론자들과 다르다. 이들에 따르면, 정부는 부를 소유한 자들로부터 세금을 거둬들이는 등 소득이 균형 있게 분배되도록 애써야 한다. 그리고 소득 분배가 잘 되면 소비도 늘어난다고 이들은 생각한다. 소비가 늘어나면 기업도 물건을 많이 팔게 되니까 공장이 잘 돌아가고 일자리도 늘어난다. 이런 순환 작용을 통해 양극화가 해결될 수 있다는 것이 분배론자들의 논리이다.

㉰ 사물과 사건들이 이처럼 대립전화하는 까닭은 무엇일까? 노자의 세계 인식에 의하면, 모든 사물에는 그의 대립자가 있다. 예를 들어 아름다움에는 추함, 어려움에는 쉬움, 긴 것에는 짧은 것, 높은 것에는 낮은 것이 대립한다. 여기서 한쪽이 없으면 다른 쪽도 존재할 수 없다.

그래서 노자는, '있음과 없음은 서로 생기게 하고, 어려움과 쉬움은 서로 이루어지게 하며, 길고 짧음은 서로 나타나게 하고 , 높고 낮음은 서로 존재하게 하며, 또 음과 양은 서로 어우러지게 하고, 앞과 뒤는 서로 따르게 하라' 고 말했다.

노자는 사물들이 각각 대립자를 지니고 있고, 그러한 대립적 존재자들이 각기 상대방을 자기 존재 성립의 근거로 삼고 있다고 생각한다. 있음이 없으면 없음도 있을 수 없고, 긴 것이 없으면 짧은 것도 있을 수 없으며, 높은 것이 없으면 낮은 것도 있을 수 없고, 앞이 없으면 뒤도 있을 수 없다. 이처럼 서로 반대되는 것을 자기 존재 성립의 전제로 삼는 것을 노자는 상반상성(相反相成)이라고 부른다.

02 강 노자의 대립전화와 현대사회의 문제점

case 1 제시문 **㉮**는 우리나라에서 자행된 정치적 테러에 관해 얘기하고 있다. 노자의 생명 중시 사상을 설명한 제시문 **㉯**를 참고해서 이러한 정치적 테러를 비판하시오.

㉮ 지난 5월 20일 한나라당 박근혜 대표가 5 · 31 지방선거 지원 유세 도중 50대 괴한에게 흉기로 피습을 당했다. 오른쪽 귀밑에서 턱으로 10㎝ 정도 자상을 입은 박 대표는 서울 신촌 세브란스병원에서 60여 바늘을 꿰매는 수술을 받았다.

이 사건을 두고 한나라당과 각종 언론은 정치 테러라고 규정하면서 규탄했다. 특히 한나라당은 이 사건의 배후를 철저히 조사할 것을 요구했다. 일단 검찰은 사회에 불만을 품은 남자의 단독 범행으로 잠정적인 결론을 냈지만, 유력한 대권 후보에 대한 피습이었던 만큼 다양한 음모설은 좀처럼 수그러들지 않았다.

최근 박 대표 피습 사건을 계기로 한국 정치사에 뿌리 깊었던 정치 테러들을 조명한 글이 발표되고 있다. 광복 직후 정치 테러로 목숨까지 잃었던 사람인 김구, 송진우, 여운형 역시 그런 맥락에서 새롭게 조명되고 있다.

– 신문 기사 참고

나 백성들이 죽음조차 두려워하지 않는다면 어찌 죽임으로써 그들을 두렵게 할 수 있겠는가. 항상 죽이는 일을 맡은 자가 죽어야 할 것이다. 그러나 죽이는 일을 맡은 자를 대신하여 죽이는 경우, 다시 말해 큰 목수를 대신하여 나무를 자르는 경우에는 자기 손을 다치지 않는 자가 드물다.

여기서 죽이는 일을 맡은 자는 천도를 의미하고 죽이는 일을 맡은 자를 대신하여 죽이는 자는 당시의 통치자를 가리킨다. 천지 만물을 살리고 죽이는 것은 천도이다. 만약 통치자가 천도의 일을 대신 맡고서 사람을 죽인다면, 서투른 목수가 큰 목수를 대신하여 나무를 자르다 자기 손을 다치는 경우처럼 대가를 치르게 될 것이다.

－《노자》 참고

03강 노자의 생명 중시 사상과 정치적 테러

case 1 노자는 통치자가 겸허함을 잃지 않아야 한다고 말했다. 그런데 오늘날 우리나라에서는 이른바 코드 정치라는 것이 사회적으로 문제가 되고 있다. 이런 코드 정치의 잘못된 점이 무엇인지 **㉮**에 설명된 노자의 관점에서 서술하시오.

㉮ 임금과 천자는 자기를 고(孤)니 과(寡)니 불곡(不穀)이라고 일컫는다. 그것은 자기를 낮추려는 표시이다. 뿐만 아니라 군주는 나라 안에서 좋지 못한 일이 생기면 그것을 자기 탓이라 여기고 모든 책임을 자신에게 돌린다. 그래서 노자는 '나라의 굴욕을 자기 탓으로 돌리는 자를 일러 사직의 주인이라 하고, 나라의 상서롭지 못한 일을 자기 탓으로 돌리는 자를 일러 천하의 제왕이라 한다' 고 말했다. 이것은 자신의 몸을 낮추는 태도라 할 수 있다. 사람들은 부귀공명을 누리면 교만해질 수 있고 물러날 시기를 놓칠 수도 있다. 그러나 봄과 여름과 가을과 겨울은 물러날 시기를 놓치는 일이 없으니 이를 본받아야 한다.

㉯ '바다이야기' 는 너무 뜻밖이었다. 80년대가 빚어낸 '모래시계' 같은 세상을 참지 못해 정치판에 뛰어들었던 사람들이 만든 것이기에 더욱 놀랐다. 들리는 소문에 의하면 수조 원에 달하는 도박용 상품권이 그들 주변 사람들과 연관이 있다고 했다.

이런 현상을 '문화 르네상스의 부작용' 이라고 해야 하는가? 아니면 시대를 잘못 태어나 어쩔 수 없이 잃어버릴 수밖에 없었던 청춘을 보상받으려 했던 것이 아니냐며 묻어 버려야 하는가. 그들이 누구보다도 사랑한다던 민중 500만 명이 도박의 바다로 몰려들었다.

그들이 그토록 오매불망했던 꽃이 더러는 열매를 맺어 씨를 뿌리겠지만, 그들을 믿고 따랐던 절대다수의 민중들은 꽃도 피우기 전에 사그라지고 말았다. 결국 그들이 꿈꾸던 봄날은 영원히 가고 말았다.

– 신문 사설 참고

생각 쓰기

04_강 인위와 무위

case 1 노자는 인위적인 것을 배격하고 자연스러운 상태가 되는 것을 '무위자연' 이라고 하였다. 그렇지만 현대사회에서는 정치적 이익이나 경제적 이윤을 위해서 자연을 훼손하는 일을 당연히 여기기까지 한다. 하지만 글 ㉯에서 알 수 있듯이 자연을 적극적으로 보호하려는 움직임도 일고 있다. 다음 제시문을 참고해서 현재 우리 사회에서 문제가 되고 있는 새만금 사업에 대한 의견을 서술하시오.

㉮ 노자는 억지로 하는 일과 꾸며서 하는 일 같은 것을 '인위' 라고 비판하고, 그 반대인 '무위' 의 사상을 주장했다. '무위' 란 꾸밈없는 자연스러운 행위를 말한다. 하지만 이런 무위를 자연스러운 행위라고 언급하거나 정의해서는 안 된다. 그렇게 말로 표현되거나 정의되는 순간 그것은 이미 자연스러운 것이 되지 못하고 인위적인 것이 되기 때문이다.

그렇다면 노자는 우리가 어떻게 해야 자연스러운 삶을 살 수 있다고 말했을까? 그는 우리 각자가 자신에게서 자연스럽지 않은 것, 불필요한 것들을 덜어 내는 방법으로 자연스러움을 회복할 수 있다고 말했다. 정치를 예로 들면, 노자는 백성들에게 부담을 주지 않고 방해가 되지도 않으며, 또 백성들에게 잘했어도 잘했다는 흔적이 남지 않게 하는 것이 무위의 정치라고 말했다. 그리고 이처럼 무위로 다스리기 위해서는 당연히 높은 인격이 필요하다고 했다.

🐱 제13대 대통령 선거일을 엿새 앞둔 1987년 12월10일, 민주정의당의 노태우 대통령 후보는 군산과 부안 사이에 있는 바다를 막는 세계 최대 간척 사업 추진을 선거 공약으로 전격 발표했다.

이 새만금 간척사업은 당시 정부 내부 검토 과정에서 '경제성이 적다'는 지적이 나와 2000년 이후 재론하기로 한 상태였다. 하지만 이날 호남권 득표용으로 긴급 차출된 뒤, 노 후보의 당선과 함께 대통령 공약 사업으로 '신분'이 상승했다. 이렇게 새만금 간척 사업에 둘러진 '봉황 무늬 완장'은 반대론을 잠재우고, 시민 환경 단체의 거센 반발 속에서도 사업이 계속 굴러가게 한 중요한 동력원이 되었다.

최근 환경 단체로부터 '제2의 새만금'으로 불리며 전국적 환경 문제로 떠오르고 있는 충남 서천의 장항산업단지 조성을 둘러싼 논란도 대통령 공약에서 출발했다. 금강 하구 북쪽 개펄을 메워야 하는 이 사업은 1989년 건설교통부 고시로 확정됐으나, 그 뒤 조성할 땅의 분양 전망이 불투명해지면서 제자리걸음을 해 왔다. 그 사이 지역 주민은 개펄의 가치에 눈을 떠 사업 중단을 요구하는 쪽과, 정부에 사업을 빨리 시행해 줄 것을 요구하는 쪽으로 갈라졌다. 이 갈등의 근원도 거슬리 올라가면 노태우 후보의 '군장산업기지 건설' 공약에 이르게 된다.

20년 가까이 이어지고 있는 경인운하 건설 논란의 배경도 닮은꼴이다. 경인운하 건설은 13대 대선 때 처음 선거 공약으로 등장한 뒤로 선거철마다 건설 후보지 주민들의 표를 얻으려는 정치인들의 단골 공약이 되고 있다. 사그라질 듯하다가 선거 때마다 새로운 에너지를 보급받아 생명을 이어오고 있는 것이다.

전국적 관심사까지는 되지 못한 크고 작은 개발 사업이나 사업 계획들로 탐색 범위를 넓히면 이렇듯 불필요한 사회적 갈등이나 환경 파괴, 예산 낭비 논란을 빚는 것들 가운데 대통령 공약에 뿌리를 둔 사례를 찾기가 어렵지 않다. 국제선 비행기가 찾지 않는 지방의 국제 공항들, 잡초만 무성한 산업 단지 등이 모두 그 산물들이다. '대선은 환경과 예산의 무덤'이라는 말이 나온 까닭이 여기에 있다.

– 신문 기사 참고

（다） 여수에서 함평으로 이어지는 전남 서남 해안 갯벌이 건강한 것으로 나타났다. 개발 논리에 따른 매립과 어패류의 남획 등에도 불구하고 이들 갯벌이 천혜의 식량 창고로 제 몫을 다하고 있는 것이다. 하지만 자연 상태 그대로 보존된 곳은 한 곳도 없는 것으로 조사돼 이대로 방치하다가는 갯벌이 사라질 날도 멀지 않았다는 데서 우려하는 목소리가 높다.

해양수산부가 국내에서 처음으로 지난 1999년부터 지난달 말까지 6년간에 걸쳐 국내 갯벌 생태계를 12개의 중점 조사 지역과 600여 개의 일반 조사 지역으로 나눠 조사한 결과 함평과 무안, 압해도, 순천, 고흥, 여수로 이어지는 남해안 갯벌에 살고 있는 생물은 모두 687종으로 조사됐다. 여기에는 규조류가 117종으로 가장 많았고 염생 식물 28종, 갯지렁이류 228종, 기타 무척추 동물 68종, 어류 156종, 바다새 28종 등의 순이었다.

특히 새우, 꽃게, 낙지, 모시조개, 바지락, 짱뚱어 등이 전남 지역 갯벌 어디든 지천으로 잡히고 이를 바탕으로 살아가는 바닷고기도 풍부해 어민들의 소득 증대에도 큰 도움을 주고 있다. 또 12개 중점 조사 지역의 경우 퇴적 환경, 염생 식물, 오염, 바다새 등 5개 항목을 종합해 5개의 등급으로 나눈 결과 여수를 비롯 순천, 고흥, 함평, 무안, 압해도 갯벌 등이 2등급으로 조사됐고, 강진과 증도 갯벌 등은 3~4등급을 보였다. 1등급은 가장 자연적인 조건이며 5등급은 생태학적으로 가장 나쁜 조건이다.

이에 따라 갯벌의 보호를 위해 행정 당국과 주민들이 적극 나서야 한다는 여론이 높아가고 있다. 갯벌은 한번 망가지면 회복시킬 수 없기 때문에 그나마 남아 있는 갯벌이 더 이상 악화되지 않도록 모두가 나서 보호해야 한다는 것이다.

– 신문 기사 참고

생각 쓰기

주요 개념 및 배경 지식

새만금 사업

새만금 개발 사업은 만경강 하구의 갯벌을 개발하여 최대한의 용지를 확보하고 종합 농수산업 시범 단지를 조성하며, 항만과 도로 등 사회 간접 자본을 확충하여 장차 새만금 국제 무역항의 건설 기반을 구축하는 등의 목적으로 시작되었다.

이 공사가 완공되면 만경강과 동진강 하구의 굴곡진 100㎞에 달하는 해안선이 비응도에서 고군도변산반도 사이를 연결하는 33㎞의 직선 방조제로 바뀌게 된다. 또한 그 방조제 안쪽으로 새로 4만 100ha의 용지가 생김으로써 그만큼 국토가 확장된다.

이 면적은 전주시 면적의 2배, 여의도의 약 140배에 이른다. 간척지에는 주택지구와 상업 지구, 그리고 공업 지구가 들어서고 인구 30만의 신도시가 생긴다. 또 연간 9조 9,400만 톤의 용수가 공급되고, 수해 상습지 1만 2000ha가 해소되는 효과를 얻는다고 한다.

아비투어
철학 논술

예시 답안

case 1 글 ㉮에서는 파레토의 법칙, 즉 20 : 80의 경제 법칙을 소개하고 있다. 이 법칙을 보여 주는 사례를 들자면, 백화점에서는 20%의 우수 고객이 백화점 전체 매상의 80%를 올려 준다. 또 개미를 관찰해 보면, 20%의 개미가 80%를 먹여 살린다는 팔레토의 법칙은 그 밖의 여러 현상에서 확인되곤 한다. 이 법칙은 이 밖에도 우리 일상생활에 많이 적용된다는 것이다.

그런데 이 법칙에 관해 잘 생각해 보면, 인간 사회에는 불평등이 엄연히 존재한다는 점을 확인할 수 있다. 백화점의 사례에서 우리는 사회의 양극화 현상을 인식할 수 있다. 20% 상위 계층의 소비가 백화점 전체 매출의 80%에 달한다는 것은, 나머지 80%의 서민들이 부를 제대로 향유하지 못하고 있음을 반증하는 것이기 때문이다.

글 ㉯는 이런 양극화 현상을 해결하는 데 있어서 두 가지 대립된 복안이 경쟁하고 있음을 말해 주고 있다. 먼저 성장론은 정부가 기업의 이윤 추구 활동을 적극적으로 지원해야 경제가 살며, 결과적으로 최대한의 분배 효과를 거둘 수 있다고 주장한다. 반면에 분배론은 세금으로 가난한 자들의 생활을 도와야만 소비가 활성화되고 이것이 경제도 살리는 길이라고 주장한다.

그렇다면 어느 것이 올바른 해결책이 될 수 있을까? 여기서 노자의 대립전화 법칙을 생각해 보자. 노자에 의하면 세상 만물은 서로 대립하는 형태로 존재한다. 그에 따르면, '부'가 있으면 '가난'이 있기 마련이며, 양극화란 자연스러운 현상이다. 그렇다면 양극화 문제를 해결하려고 인위적인 노력을 기울이는 것은 오히려 바람직하지 못할 수도 있다.

물론 노자의 생각은 여기서 멈추는 것이 아니다. '부유한 자'는 '가난한 자'가 있기에 존재한다. 즉 가난한 존재를 바탕으로 해서 생겨난 것이다. 따라서 부유한 자는 가난한 존재로 인해서 자신이 존재한다는 점을 잊어서는 안 된다.

따라서 노자의 생각에 근거한다면, 성장과 분배에는 국가가 적극적으로 개입하지 않고 자연스럽게 놔두는 것이 바람직하고, 부유한 자는 자신이 살기 위해서라도 가난한 자를 늘 지원하려 애써야 하며, 또 가난한 자는 세상에는 차이가 있는 것이 자연스러운 것임을 생각하고 시기와 질투의 마음을 갖지 않아야 한다.

주제 탐구 02강 노자의 대립전화와 현대사회의 문제점

case 1 글 ㉮에서는 박근혜 피습 사건을 계기로 우리나라 정치 테러의 역사를 살펴보고 있다. 우리나라 역사를 보면 송진우, 여운형, 김구 등 나라를 위해 애쓰던 많은 인물들이 아깝게도 정치 테러에 희생되었다. 이번 5 · 31 지방 선거 유세 기간 중에 일어난 박근혜 피습 사건도 정치 테러라고 생각될 수 있다. 이처럼 정치적 목적을 달성하기 위해 사람의 목숨을 빼앗거나 해치려 하는 테러 행위는 지탄받아 마땅하다.

이는 노자도 이미 얘기한 것이다. 글 ㉯에서 알 수 있듯이 노자는 생명을 중시하는 사상을 전개했다. 사람의 생명이란 천도에 달린 것이다. 그런데 만약 사람이 사람을 죽이려 한다면, 이는 하늘의 일을 자신의 일인 양 착각하는 행위가 아닐 수 없다. 이는 하늘의 도리에 어긋나는 것이기에 벌을 받아 마땅하다. 노자의 말로 표현한다면, 큰 목수를 대신하여 나무를 자르려는 사람은 자기 손을 다치게 되는 것이 당연하다.

case 1 글 ⑭는 요즘 사회 문제가 되고 있는 대통령의 코드 정치와 도박 사업과 관련된 정부의 정책을 비판하는 칼럼이다. '바다이야기' 사건은 서민들의 사행심과 돈의 낭비를 초래한 초유의 사건이었다.

정부와 문화관광부에서 도박을 법으로 허용하고 상품권 발매까지 조장했다는 사실에 국민들은 분노했다. 이런 모든 문제는 통치자와 지배 계급이 겸허함을 잃고 국민을 우습게 보았기 때문에 일어나는 것이라고 볼 수 있다. 통치자와 지배 계급이 노자의 사상을 조금만 실천하려 했어도 이런 문제는 일어나지 않았을 것이다.

글 ㉠에서 알 수 있듯이, 노자는 겸허함이야말로 통치자가 갖춰야 할 덕목이라고 보았다. 이는 백성들에게 몸을 낮추고 춘하추동이란 자연의 이치처럼 물러 날 때를 아는 사람이 되어야 한다는 의미였다. 다시 말해, 부귀와 영예보다 백성을 위해 몸을 낮추고 봉사해야 하는 통치자의 자세임을 노자는 말하고 있다. 우리 사회의 통치자와 그 주변 사람들도 물러날 때를 알고 자신을 낮추는 것을 배워야 할 것이다.

case 1 글 ㈏는 대통령 선거 공약으로 시작된 새만금 간척 사업이 착수와 중단을 반복하며 진통을 겪었다는 사실을 보고하고 있다. 그리고 이 사업은 대통령 선거에서 당선되기 위한 선심용 사업이었다는 점에서 근본적인 문제가 있었음을 지적하고 있다. 이 사업은 환경 단체의 반대에도 불구하고 지금은 완결 단계에 접어들었다.

새만금 사업이 엄청난 환경문제를 일으킬 가능성이 있다는 점에서 우려를 자아내는 것과 달리, 전라도 무안군에서는 갯벌의 가치를 알고 자연 그대로 보존하려는 노력이 있다는 사실을 보도하고 있는 것이 글 ㈐이다. 이 글은 무안군과 군민의 결정이 정당한 것임도 암시한다.

노자의 입장에서 생각한다면 글 ㈐에서 설명되는 무안군의 현실이 우리의 마음을 더 가볍게 한다. 글 ㈎에서 알 수 있듯이, 노자는 무위자연의 사상을 전개했다. 즉 노자는 인위적인 것을 배격하고 물이 흐르듯 자연스러운 상태가 되어야 한다고 강조했던 것이다. 그의 사상은 인간이 자신의 이익을 위해 인위를 개입시킬 경우 자연이 훼손되고 결과적으로는 자연 속의 인간이 불행해질 수밖에 없음을 강조하는 것이었다.

쇼펜하우어가 들려주는 의지 이야기

저자_최지윤

고려대학교 철학과 박사 과정을 수료하였고, 어린이철학연구소 강사 및 교재
집필을 했으며, 현재 대진대학교에 출강하고 있다.

쇼펜하우어의 '의지'

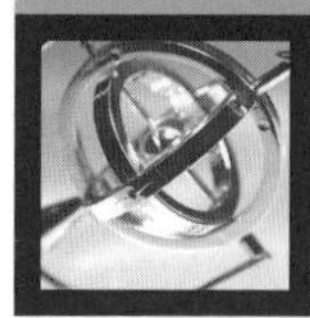

쇼펜하우어의 '의지'

1 쇼펜하우어의 철학적 관심

쇼펜하우어는 이전의 철학자들이 지닌 사유의 체계를 잘 알고 있었고, 그 체계를 맹렬하게 비판하고 있다. 쇼펜하우어는 '무엇이 철학자를 만드는가? 바로 가슴속에 어떠한 질문도 품고 있지 않는 용기이다' 라는 말을 하였다.

이런 용기를 보이기 위해서는 단지 이성만이 아니라 마음을 사로잡는 물음, 단지 흥미로운 것이 아니라 삶에 대한 절실한 물음을 필요로 한다. 쇼펜하우어는 그러한 물음을 너무 잘 알고 있었고 이에 대한 답변을 구하는 노력을 통해 진실한 철학자에게 요구되는 모든 용기를 보여 주었다.

그는 22세 때 친구에게 '삶은 불쾌한 것이다. 나는 이러한 인생에 대해 사색하며 보내기로 마음먹었다' 라고 말했다.

2 삶과 죽음

쇼펜하우어는 다음과 같이 말했다. '하루는 작은 일생이다. 아침에 잠이 깨어 일어나는 것이 탄생이요, 상쾌한 아침은 짧은 청년기를 맞는 것과 같다. 그러다가 저녁, 잠

자리에 누울 때는 인생의 황혼기를 맞는 것이라는 것을 알아야 한다.' 이 말에서 알 수 있듯이 우리는 하루를 살면서 또 인생을 미리 살고 있는 것이다.

우리는 한 번 태어나서 살다가 죽는 존재이다. 쇼펜하우어는 이러한 삶의 출발과 끝을 철학의 주제로 다루고 있다. 태어난 이유도 없고, 사는 이유도 없고, 죽는 이유도 없다는 것이다. 그러한 우리의 삶은 고통으로 가득 차 있다. 이런 점에서 쇼펜하우어를 염세주의자라고 부른다.

죽을 수밖에 없는 운명에 처한 인간이 이러한 운명을 어떻게 받아들이느냐에 따라 삶을 대하는 방식이 달라질 수 있을 것이다. 쇼펜하우어는 삶과 죽음에 대한 철학적 성찰을 통해 삶의 본질이 무엇인가를 드러내 보이려고 한 철학자이다.

3 삶에의 의지

많은 철학자들이 세계의 본질이 무엇인가를 탐구했고 변화하는 것 뒤에 불변하는 그 무엇을 찾기 위해 노력해 왔다. 쇼펜하우어는 만물의 실재와 신비한 본질이 바로 '의지'라고 말한다. 즉 세계의 바탕을 '삶에의 의지'라고 보았던 것이다.

별의 움직임에서 식물과 동물까지도 힘에의 의지가 작동하고 있고, 존재하는 모든 것들은 의지를 갖고 있다. 인간 역시 그러한데, 살려는 욕망을 가진 인간은 겉으로 보기에는 자유 의지에 의해 합리적으로 사고하고 행동하는 듯 보이지만 그 내면에는 부정할 수 없는 맹목적인 삶의 의지가 작동하고 있다.

인간이 살아가게끔 하는 충동, 뒤에서 밀고 있는 그 충동이 바로 의지라는 것이다. 이성이 우리를 이끈다는 생각은 착각이며, 우리는 삶에의 의지로 생명을 유지하고 있는 것이다.

4 의지와 표상으로서의 세계

쇼펜하우어는 그의 저서 《의지와 표상으로서의 세계》에서 다음과 같이 말하고 있다. '세계는 나의 표상이다. 이것은 현존하여 인식하는 모든 존재에 해당되는 진리이다. 그러나 이러한 진리를 반성적이고 추상적으로 의식할 수 있는 것은 오직 인간뿐이며, 인간이 실제로 그렇게 의식할 때 거기에서 인간의 철학적인 숙고가 나타나게 된다.' 즉 쇼펜하우어는 인간이 세계를 지각하는 것과 경험하는 것은, 세계 그 자체의 모습이 아니라 오직 세계를 인식하는 의식을 위해 존재하는 것이라고 말한다.

인간은 오로지 표상의 내용으로서의 세계에 대해서만 말하고 알 수 있을 뿐이지, 세계 그 자체는 알 수 없다는 것이다. 직접적으로 세계가 어떠한지는 알 수 없지만 인간이 무언가를 인식하고 안다는 데서 세계의 존재는 필연적으로 전제된다. 다만 직접적으로 그것이 무엇인지를 인간은 알 도리가 없다는 것이다. 인간은 세계를 표상으로서 그리고 의지로서 체험한다.

5 예술 작품

쇼펜하우어는 세계의 본질적인 것, 그리고 현상들의 참된 내용, 어떠한 변화도 겪지 않는 동일한 진리로 인식된 이념들을 고찰하는 방법이 바로 예술이라고 말한다. 즉 인간은 예술을 통한 순수한 시선으로 모든 세계의 현상들에 있어 본질적인 이념들을 파악할 수 있다고 말한다. 그래서 예술의 과제는 사물들, 세계의 본질을 밝혀 주는 것이다. 예술의 목적에 대해 쇼펜하우어는 다음과 같이 말하고 있다. '모든 예술 작품은 삶과 사물의 참된 상태를 우리에게 보여 주려는 노력, 즉 삶이란 무엇인가에 대한 해답이다.'

6 고통으로부터 벗어나는 길

의지, 즉 고뇌의 근원인 맹목적인 의지를 직접, 간접적으로 표현하는 예술이 어떻게 해탈을 가능하게 하는가? 쇼펜하우어는 예술을 창작하거나 감상하는 순간에 인간은 현실적인 고뇌로부터 해방된다고 보았다. 현실적인 고뇌란 의지의 심부름꾼인 자아에 얽매이는 데 있으며, 의지를 관망하고 인식하며 표현하는 것은 이런 얽매임에서 벗어남을 말하는 것이기 때문이다.

그러므로 이런 예술적인 해탈은 일종의 심리적인 해탈이며, 수면 상태와 같은 일시적인 것이다. 왜냐하면 고뇌의 근원인 의지라는 존재가 아직 인간의 본질 속에 남아

있고, 인간의 오성은 다시 필연적으로 의지의 심부름꾼 역할을 하게 될 것이기 때문
이다.

예술적인 해탈의 순간이란 쇠사슬을 잠깐 잊고 먼 산을 바라보거나 아름다운 추억
속에 빠져 있는 노예와 같으며, 적으로부터 도망하여 숨어 있는 무사와 같다. 모든 순
간에 다시 적으로부터 발견될 수밖에 없다.

예술적인 해탈에서 우리는 의지의 족쇄를 끊는 것이 아니라 자기 자신을 잊는 상태
에서 의지의 본질을 인식하는데 불과하므로 참다운 해탈은 이루어지지 않는다. 이런
참다운 해탈을 쇼펜하우어는 불교에서처럼 금욕을 통한 윤리적인 해탈에서 구하고자
한다.

01_강 삶은 불쾌한 것이다

case 1 다음 제시글은 쇼펜하우어가 남긴 글 중의 일부이다. 쇼펜하우어가 삶을 바라
보는 시각이 어떠한지 제시글을 참고하여 설명하시오.

㉮ 선량한 나의 아버지가 쇠약해져 가련하게 병상에 누워 있었을 때, 어느 늙은 하
인이 애정 어린 의무를 그에게 다하지 않았더라면 그는 매우 쓸쓸했을 것이다. 아버
지가 고독감 속에서 나날을 보내는 동안 어머니는 파티를 열었다. 또한 아버지가 쓰
디쓴 고통에 시달리는 동안 어머니는 즐기기만 했다. 이것이 여자의 사랑이다.

– 발터 아벤트로트, 《쇼펜하우어》 전기 참고

㉯ 17년의 생애 동안…… 나는 마치 부처가 그의 소년 시절에 이미 병, 늙음, 고통,
죽음을 마주한 것처럼 삶의 비통함을 이해했다. 이 세상에 크게, 또렷이 울리는 진리
가 내게 영향을 미쳤던 유대인의 도그마를 극복하게 하였다. 그리고 나의 결론은 이
세상이 결코 선한 자의 작품이 될 수 없다는 것이다.

– 아르투어 휩셔, 《유고 모음집》 참고

㉰ 어린 소년이었을 때 난 항상 아주 우울했고, 한 번쯤은 18세가 되었으면 했으며,

내 나이가 여전히 너무 어리다고 생각했다. 이 세계는 신이 만들었을까? 아니야, 어쩌
면 사탄이 만들었을지도 몰라.

– 쇼펜하우어, 《서간전집》 참고

"우리가 느끼는 고통이랑 곤충들이 느끼는 고통도 똑같겠죠?"

"모두 다 똑같다고 말할 순 없지만 사람은 사람 나름대로, 동물은 동물 나름대로의
고통이 있겠지. 물론 그 고통의 세기나 크기도 모두 다 다르겠지? 그건 사람과 사람 사
이에서도 각각 개인차가 있지만, 분명한 것은 고통이 존재한다는 것이란다."

현호는 어제 외삼촌이 말씀해 주셨던 쇼펜하우어라는 철학자에 대해서 더 듣고 싶
었습니다. 그 철학자도 고통에 대해 말했을까? 하고요.

"외삼촌, 고통은 어떻게 생겨나는 거예요? 혹시 어제 삼촌이 말씀해 주신 철학자도
고통에 대해서 얘기한 적이 있나요?"

"그럼, 쇼펜하우어야말로 인간의 고통에 대해서 깊이 생각한 철학자였어. 그는 세
계가 고통과 고난으로 가득 차 있다고 생각했지. 왜냐하면 사람들은 쾌락을 더 원하
고 고통을 피하려고 하지만 그 소망이 이루어지는 일이 드물기 때문이야."

(……)

"쾌락이라는 건 끝이 없나 봐요."

동준이가 무언가 알겠다는 듯 똘망똘망한 눈으로 외삼촌을 쳐다봅니다.

"하나의 쾌락이 실현되면 더 새로운 쾌락을 맛보고 싶은 욕망이 생겨나기 때문이

지. 그래서 사람의 욕심에는 한이 없다고 말하는 거야. 가끔 지나친 욕심 때문에 판단을 잘못하여 서로 싸움이 생기기도 하고.”

“그렇다면 쾌락을 추구하는 건 안 좋은 거네요?”

“글쎄, 사람의 본성상 쾌락은 억제할 수는 있어도 아예 생각하지 않을 수는 없단다. 문제는 고통과 쾌락이 동시에 있으면 고통이 쾌락보다 더 강력하다는 거야. 사람은 고통부터 먼저 느끼니까.”

– 《쇼펜하우어가 들려주는 의지 이야기》 중에서

1 도그마

독단(獨斷)이라고 번역되기도 하는 도그마는 원래 그리스도교의 교리를 이르는 말이다. 인간의 구제를 위해서 신(神)이 계시한 진리를 말하며, 교회가 신적 권위를 부여한 종교 교리를 의미한다.

2 염세주의

낙천주의와 반대되는 것으로 삶의 태도를 나타내는 말이다. 삶은 곧 고통이요, 죽을 때까지 이 고통에서 벗어날 수 없다고 보는 입장으로, 삶이 주는 쾌락보다 고통에 주목한다. 그래서 염세주의는 삶을 싫어하고 그 의미를 부정하여 자살을 부추길 수 있다. 이 세상은 악이 지배하고 있고, 사람이 사는 동안은 이를 없앨 수 없으며, 따라서 인생은 살 가치가 없다고 주장한다.

02 _강 세계는 나의 표상이다

 아래 제시글을 읽고 쇼펜하우어는 왜 우리가 세계의 모습 그대로를 알 수 없다고 말하는지 그 이유를 설명하시오.

인간에게 유일하면서도 확실하며 의심할 수 없는 지식은 감각 기관에 의한 지식이다. 이 감각 기관은 인간을 세계와 접촉하게 하는데 이러한 감각 기관 없이 인간은 세계와 직접 교류할 수 없다. 그래서 인간은 자기 이외의 어떤 대상을 향할 때, 우선 그의 눈, 그의 손을 인지하고, 이러한 매개를 통해서 태양이나 돌에 대한 인식을 하는 것이다. 이러한 감각은 외부 세계를 알게 하는 매개자가 되지만 동시에 인간이 세계를 있는 그대로 인식할 수 없게 한다.

"인간은 태양을 알고 대지를 아는 것이 아니라, 단지 태양을 보는 눈이 있고 대지를 느끼는 손이 있음에 불과하다는 것, 인간을 둘러싸고 있는 세계는 표상으로서만 존재할 뿐이라는 것, 즉 세계는 자기 자신과 전혀 다른 존재인 인간이라고 하는 표상하는 자와 관계함으로써만 존재한다는 것이 분명하고 확실해진다."

— 쇼펜하우어, 《의지와 표상으로서의 세계》 참고

생각 쓰기

칸트에 따르면 세계에 대한 인간의 앎은 외부 사물이 가하는 자극과 이를 받아들여 구성하는 인간의 능력이 결합해서 생겨난다. 이때 감각은 사물로부터 자극을 받아들이는 역할을 하며, 이렇게 해서 받아 들여진 내용이 감성의 형식과 오성의 형식에 담겨진다.

감성의 형식은 시간과 공간이며, 오성의 형식은 양, 질, 인과성, 필연성 등의 사고 형식이다. 이러한 형식에서 틀 지워진 내용은 하나의 세계에 대한 하나의 판단으로 만들어진다. 만약 인간의 감각 기능과 감성 형식, 오성의 형식이 지금과 다르다면 인간은 세계에 대해 지금과 다른 앎을 가질 것이다. 이런 점에서 인간은 세상을 있는 그대로 알 수 없으며 오직 인간의 관점에서 바라보고 알 뿐이다.

인간이 알 수 없는 세계의 본질은 '물자체' 이다. 예를 들어 내가 책상을 바라보고 '이 책상은 갈색이다' 라는 판단을 내리는 과정을 살펴보자. 나는 책상에 대해 앎을 갖는다. 그런데 내가 이러한 앎을 갖기 위해서는 나에게 책상으로 감각되게 하는 어떤 것이 있어야 한다. '갈색임, 딱딱함, 사각형임 등' 의 성질을 내가 인식하게 하는 어떤 대상 말이다.

그런데 내가 알 수 있는 것은 나의 인식 조건 때문이다. 다시 말해 내가 인간이라는 인식 조건이 있기 때문에 '이 책상은 갈색이다' 라고 판단할 수 있는 것이다. 만약 하루살이나 다른 동물이라면 나와 같은 판단을 내릴 수 없을 것이다. 이렇듯 인간은 오직 인간의 관점에서만 세계를 알 수 있을 뿐 세계 그 자체의 모습은 알 수 없다.

주요 개념 및 배경 지식

1 표상

오성과 이성의 작용을 지닌 인간의 정신에 의해 그려진 세계에 대한 상(representation)이다.

2 감각 기관

몸의 외부 및 내부에서 전달되는 자극을 수용하고 전달하는 기관으로, 감각 기관은 적합자극을 선택하고 자극을 효율적으로 감각 세포에 전달하기에 알맞은 구조를 하고 있으며, 그러기 위해서 부속 장치를 가진다.

사람의 경우 눈의 망막과 귀의 고막 · 이소골 등이 그것인데, 시각이나 청각이 눈이나 귀에서 생기는 것이 아니라, 빛 자극은 눈에서, 소리 자극은 귀에서 수용되어 그것이 신경 신호로 전환되면서 제각기 뇌의 특정 부위에 도달됨으로써 생긴다. 쇼펜하우어는 인간이 이러한 감각 기관을 매개로 세계와 맞닿는다고 보았다.

3 칸트

칸트(1724~1804)는 동프로이센의 쾨니히스베르크에서 태어난 독일의 유명한 철학자이다. 1781년 《순수이성비판》이라는 그의 3대 비판서 중 하나를 발표하였고,

이후《실천이성비판》,《판단력 비판》을 발표하였다.《순수이성비판》으로 시작된 칸트의 비판 철학은 경험론과 합리론을 비판하면서 오랫동안 계속된 근대 철학의 논쟁과 대립을 종합하여 근대 자연 과학의 결실과 합치될 수 있는 철학의 기초를 닦았다.

4 오성과 이성

오성은 다시 말하면 '이해력'이라고 할 수 있다. 우리는 세계에 대해 인식하고 세계에 대한 앎을 갖게 되는데, 이러한 앎은 외부 세계에서 주어진 다양한 감각 자료들과 인식 주관(개인)에 선천적으로 주어진 형식을 부여하는 틀을 통해 구성된다. 우리의 인식 과정을 비유해 보면 밀가루와 같은 재료들은 경험으로부터 주어지는 다양한 지식들일 것이고, 그 틀은 오성이며, 만들어진 붕어빵은 하나의 개념으로 세계에 대한 판단이다.

5 물자체

인간의 인식주관이 감각을 통해 파악하는 현상이 아니라, 인식주관과는 독립적으로 존재하는 실재를 의미한다. 칸트 철학의 중심 개념으로 이러한 실재는 인식의 근원이며 모든 현상의 궁극적 원인이다.

세계의 본질은 맹목적인 의지이다

case 1 **다음 제시글을 참고하여 쇼펜하우어가 '삶의 의지'라고 부른 것이 무엇인지를 설명해 보고, 이성과 의지 중에서 무엇이 우선한다고 주장하는지 그 이유와 함께 논술하시오.**

"인간에게는 이성과 욕망이 있어. 너희들이 자주 타는 자전거를 예로 들면, 앞으로 나아가고자 하는 바퀴는 욕망이고 그것을 손잡이로 조정하는 것이 곧 이성이란다. 하지만 너희들이 자전거를 탈 때, 손잡이만 잡으면 자전거가 저절로 앞으로 가니?"

"아니오, 손잡이만 잡고 가만히 있으면 앞으로 나아가기는커녕 3초도 못 견디고 넘어져요."

며칠 전에 자전거 타는 방법을 배웠던 현호가 냉큼 대답합니다.

"그래, 자전거를 탈 때 손잡이를 잡아서 조정하는 것도 중요하지만, 우선 페달을 밟아서 바퀴를 앞으로 밀어주는 힘이 반드시 필요해. 이처럼 이성이 모든 것을 통제하는 것 같지만, 사실은 욕망, 즉 의지가 항상 먼저란다. 자동차를 운전할 때 시동이 먼저고 핸들 조정이 다음인 것처럼 말이야. 인간은 이러한 본능에 쫓겨 맹목적으로 살 뿐이지. 이러한 의지는 '절름발이를 어깨에 메고 가는 힘센 장님'과 같지. 스스로 볼 수 없으니까 눈의 도움을 필요로 하는 거란다."

마치 컴퓨터 게임을 하는 듯 집중해서 듣던 인수가 말했어요.

"생각해 보니까, 정말 뭔가 하려는 의지가 중요하네요. 만약에 아빠가 심부름을 시켰을 때, '가야지' 라는 생각만 하고 걸어가려는 의지가 없다면 결국엔 안 가게 되는 거잖아요."

"그래, 맞는 말이다. 이처럼 이성을 중시했던 이전의 철학자들과는 달리, 쇼펜하우어는 이성보다 더 중요한 것은 정신의 밑에 자리 잡은 거칠고 집요한 생명력, 즉 살려는 의지라고 했어. 그러한 살려는 의지가 신체에 나타나는 것이 바로 욕망이지. 배고픔의 욕망은 입과 위로, 사랑의 욕망은 생식 기관으로, 의지 혹은 행동의 욕망은 신경 세포로 나타난단다. 욕망이 만족되면 좋은 감정이, 그렇지 않으면 불쾌감이 생기게 돼. 너희들 지금 배고프지?"

"네! 삼촌 배고파요!"

– 《쇼펜하우어가 들려주는 의지 이야기》 중에서

맹인할마(盲人瞎馬)라는 고사성어는 장님이 외눈박이 말을 탄다는 말로, 대단히 위험함을 비유한다. 동진시대에 고개지라는 사람이 살았다. 그는 박학하고 재기가 있었으며, 육탐미, 장승요와 함께 남조 3대 화가로 손꼽히기도 한다.

하루는 참군 은중감의 집에서 고개지, 환현이 담소를 나누게 되었는데, 화제는 자연계에 관한 것이었다. 그러다 문득 각기 가장 위험하다고 생각하는 것이 무엇인지 얘기해 보기로 하였다. 환현이 먼저 이렇게 말했다.

"창끝을 쌀 속에 넣고 칼로 불을 때서 밥하는 것입니다."

이어서 은중감이 말했다.

"백 살 먹은 노인이 마른 나뭇가지에 오르는 것입니다."

다음은 고개지의 차례였다. 그런데 옆에 조용히 앉아 있던 다른 사람이 이렇게 말하는 것이었다.

"장님이 외눈박이 말을 타고 캄캄한 밤에 깊은 연못가에 가는 것입니다."

그 당시 은중감은 눈을 다쳐 한쪽 눈으로만 사물을 보고 있었기 때문에 이 말이 더 가슴에 와 닿았다. 그래서 자신도 모르는 사이에 이렇게 외쳤다.

"그건 정말 위험한 일입니다!"

'맹인할마' 라는 고사성어에서 위험함을 빗댄 것이 바로 '보는 능력의 상실' 이다.

이처럼 '본다' 라는 능력은 무척 중요한데, 왜냐하면 장님이 상징하는 것은 이성 능력의 결여를 말하고 있기 때문이다.

이성은 사물을 분별하는 능력이고, 이는 인간적인 삶의 본질이다. 외눈박이 말과 장님의 경우처럼 '보는 능력, 분별력, 판단 능력' 즉 '이성적 능력' 이 결여되었을 때 나타나는 위험은 자신에게나 주변에 많은 고통을 초래한다.

쇼펜하우어가 말하는 이성과 의지의 관계 역시 그러하다. 우리는 이성적으로 사고하고 판단하고 사는 것 같지만 실제로는 맹목적인 의지의 지배를 받고 살아가고 있다. 그리고 이러한 맹목적인 의지는 삶의 고통을 초래한다.

생각 쓰기

 쇼펜하우어는 '삶에의 의지'를 곧 살고자 하는 충동이라고 보고 있다. 그러한 의지가 신체에 나타나는 것이 욕망이라면 죽을 때까지 인간은 충족되지 않는 욕망에서 벗어날 수 없을 것이다. 그렇다면 인간은 죽음에 이르기까지 고통스러운 삶을 살아야 하는 것일까? 다음 제시글을 참고하여 이에 대한 여러분의 생각을 서술하시오.

인간은 원래 쾌락을 추구하고 고통을 피하고자 하는 존재이다. 따라서 고통을 피하고자 하는 것이 인간의 본성이라면 현재 삶이 힘들고 고통스럽다면 이를 피하려고 하는 것이 인간의 자연스러운 행위일 것이다. 고통에서 벗어날 길이 없고, 살아 있는 한 현재의 고통을 짊어지고 가야 한다는 것이 뻔히 예측된다면 어떤 선택을 해야 하는 것일까? 죽음이야말로 고통을 피하고자 하는 인간의 욕망에 가장 충실한 선택일 것이다.

1 자유

사전적인 의미로 자유란 남에게 구속을 받거나 무엇에 얽매이지 않고 자기 마음대로 행동하는 일, 또는 그러한 상태를 말한다. 칸트의 경우 그러한 자유에서 자기 규제의 의미를 갖는 자율성의 개념을 중요시했다. 자유롭다는 것은 결과적으로 무엇에 대해 얽매이거나 구속됨 없이 스스로의 이성에 의해 판단하고 행동할 수 있을 때를 말한다.

2 낙천주의

염세주의나 낙천주의는 모두 세계를 바라보는 태도이다. 어떠한 시각과 태도를 갖고 세계를 마주 대하느냐에 따라 살아가는 방식이 달라질 수 있고 그에 따른 결과도 달라질 수 있을 것이다. 낙천주의는 세계나 인생의 의의와 가치 등을 궁극적으로는 선(善)이라고 보는 입장으로, 삶을 고통으로 보는 염세주의와 대립되는 삶의 태도이다.

case 1 미술 작품이나 음악과 같은 예술 작품을 마주했던 경험을 떠올려 보자. '예술이 현실의 고통을 잊게 해 준다'는 주장에 대해 어떻게 생각하는가? 다음 제시글을 읽고 예술 작품을 경험하는 것이 우리 삶에 어떤 의미가 있는 것인지를 쇼펜하우어의 관점에서 논술하시오.

㉮ 좋은 음악을 듣고, 훌륭한 미술 작품을 감상할 때면 나는 현실을 잊어버린다. 작품들을 감상하면서 나는 작품이 보여 주는 이념을 본다. 예술 작품은 내가 처한 현실이나 내가 처한 조건들로부터 나를 작품 속에 펼쳐진 세계로 순수하게 인도한다. 그 속에서 나는 잠시나마 현실의 고통을 잊을 수 있다. 아름다운 예술 작품을 접할 때면 나는 의지를 벗어나 인식의 즐거움만을 갖는다. 배고픔도 목마름도 잊은 채 작품에 몰입하여, 작품이 주는 순수한 쾌감만을 누린다.

㉯ 예술가에 의해서 더욱 명료하게 드러나는 인간의 아름다움을 바라볼 때, 우리 모두는 인간의 아름다움을 인식하게 된다. 거기서 그는 마치 전혀 본 적이 없었던 것 같은 아름다움을 보여 주며, 그의 표현 속에서 자연은 탁월하게 빛난다. 이러한 현상은

최고의 단계에서 가장 적합하게 객관화된 의지가 판단된 상태, 즉 우리 자신이 됨으로써 가능한 것이다. 이를 통해서 비로소 우리는 자연이 (……) 표현하고자 애쓴 것에 대해 예견할 수 있다. 진실한 천재는 사려 깊은 신중함으로 이러한 예견을 인도한다. 진실한 천재는 개별적인 사물에서 각 사물의 이념을 인식하고, 자연을 불충분한 언어로 이해하고 수집한 것을 순수하게 발언한다. 그는 수천 번의 시도와 실패를 거쳐 형식의 아름다움을 단단한 대리석에 표현하고, 자연과 대조시키면서 동시에 외친다. ‘이것이 바로 네가 말하려고 했던 것 아닌가!’

– 쇼펜하우어, 《의지와 표상으로서의 세계》 참고

 과연 예술 작품을 감상하면서 현실의 고통을 잊는 것이 고통스러운 삶을 벗어날 수 있는 진정한 문제 해결이 될 수 있다고 생각하는가? 다음 제시글을 참고하여 예술 작품을 통해 삶의 고통을 벗어나는 문제와 어떤 유사점이 있는지 말해 보고 이에 대한 여러분의 의견을 서술하시오.

(가) 나는 노예이다. 발목에는 도망가지 못하도록 쇠사슬이 채워져 있고, 깨어나는 순간부터 잠이 드는 순간까지 무거운 돌을 나르는 일을 해야 한다. 돌의 무게 때문에 살갗이 벗겨지기도 하고 맨발로 거친 길을 다녀야 하는 내 발은 온통 물집과 피투성이다.

오늘도 또 하루가 시작되었다. 아침을 깨우는 새 울음소리가 나에게는 고통으로밖에 들리지 않는다. 점심시간이 되었다. 내 몸무게보다 더 무거울 것 같은 마지막 돌을 옮겨 놓고 잠시 쉬는 시간을 가지게 되었다.

딱딱한 빵과 밋밋한 물로 허기를 달래고 잠시 앉아 있는 순간 저 멀리 빨갛게 물든 산의 풍경이 내 시야에 펼쳐지는 것이었다. 빨갛게 물든 산의 풍경을 바라보며 나는 어린 시절 노예로 잡혀 오기 전 마냥 행복하게 뛰어놀던 추억이 떠올랐다. 사무치게 그리운 어린 시절 친구들과 함께 한 그때의 즐거움에 잠시 나는 현재의 고통을 잊고 미소를 머금었다.

(나) 나는 무사이다. 많은 적들을 상대하며 용맹을 떨쳤다. 그런데 오늘 싸움은 나에게 유리하게 돌아가지 않았다. 부하들은 모두 죽었고, 나만 홀로 살아남았다. 적들은

내 뒤를 쫓아오고 있다.

그들은 나를 죽일 때까지 내 뒤를 쫓을 것이다. 살아남기 위해 나는 나뭇잎에 얼굴이 찔려 피가 나는 것도 모르고, 목이 타는 것도 모른 채 열심히 적들을 피해 도망 다닌다. 적들이 나를 뒤쫓는 소리가 들린다. 거의 다 쫓아온 듯하다. 빨리 몸을 숨겨야 한다.

그 순간 나뭇가지 사이에 내 몸을 숨길 만한 공간이 보였다. 주변에 흩어진 풀들을 이용해 내 몸을 감출 수 있을 것 같다. 두려움에 떨며 나는 흩어진 풀들을 모아 나뭇가지 위에 쌓고는 몸을 숨겼다. 적들의 발자국 소리가 들린다. 그러나 적들은 내가 숨은 곳을 모르고 지나친다. 안도의 한숨이 나온다. 다행이다.

1 예술 작품

무엇을 부를 것이냐에 따라 예술 작품에 대한 정의가 달라진다. 예술 작품을 정신적인 것이라고 보는 입장도 있고 반면 물리적인 것이라고 보는 입장도 있다. 예술 작품은 어떤 소재의 특질들을 누군가가 독창적인 상상력을 동원하여 특정한 방식으로 결합해서 하나의 세계로 구성한 창작물이다. 그것은 음악이 될 수도 있고, 미술 작품이 될 수도 있으며, 연극이나 뮤지컬과 같은 공연 예술 등이 될 수도 있다.

2 천재

천재는 보통 사람들보다 뛰어난 정신 능력을 가진 사람을 뜻한다. 칸트는 '예술 활동에서 천재란 일종의 타고난 재능으로서, 자연은 천재를 빌려 예술에 규칙을 세워 준다'라고 하였다. 천재는 능력을 가리키는 말일 수도 있고 사람을 가리키는 말일 수도 있다. 이러한 천재들은 누구도 따라올 수 없고 모방할 수 없는 독창성과 생산성을 갖는다.

3 해탈

불교 용어로, 인간이 세속적인 모든 속박으로부터 벗어나 자유롭게 되는 상태를 말한다. 즉 '나'라는 인간의 근본적인 아집에서 비롯된 일체의 모든 번뇌, 고뇌로부터의 구원을 말한다. 그런데 이 구원은 타율적으로 신에게서 오는 것이 아니라 인간 내면에 있는 반야(般若)를 증득(證得)함으로써, 즉 지혜를 수양함으로써 얻어지는 깨달음이라는 것이다.

05_강 평온에 이르는 길

case 1 다음 제시글을 읽고 쇼펜하우어가 말하는 '동정심'은 무엇이고, 쇼펜하우어는 이에 대해 어떻게 평가하고 있는지 논술하시오.

㉮ 다른 사람을 위한 선행, 사랑, 고결함을 행하는 것은 항상 다른 사람의 고뇌를 줄이는 것이다. 그래서 이것들을 행해서 훌륭한 행동과 자선으로 나아가게 하는 것은 항상 타인의 고뇌를 인식하는 것이며, 자신의 고유한 고뇌와 직접적으로 일치시키는 것이다. 이로부터 순수한 사랑은 자신의 본성에 따른 동정심이라고 생각할 수 있다.

　이기주의에 갇혀 있는 사람은 오직 자신의 고유한 개성을 이들 개별 사물과의 관계로 인식한다. 이에 반해 이미 서술한 전체에 대한 인식, 물자체의 본질에 대한 인식은 모든 각각의 의욕을 평정(평온의 근거, 절대적 목적)으로 이끈다. 이렇게 되면 의지는 점점 삶으로부터 발을 띠게된다. 이제 의지는 삶의 긍정을 인식하는 그런 만족에 대해 전율을 느낀다. 그리하여 인간은 자의적인 거부, 체념, 진정한 평정과 완전한 무욕의 상태에 도달하는 것이다.

– 쇼펜하우어, 《의지와 표상으로서의 세계》 참고

㉯ "쇼펜하우어에 따르면 사람들은 이기적으로 살아가기 때문에, 다른 사람과 경쟁

을 하게 되고 그것 때문에 삶의 고통이 더 커지게 되지. 쇼펜하우어는 이러한 자신의 고통에서 벗어나기 위해 타인의 고통을 함께 나누는 것이 윤리의 근본이라고 했어. 이렇게 타인의 고통을 함께 나누는 동정에서 정의와 사랑이 가능해진단다. 나만 고통을 받는다고 생각하면 이기주의자가 될 수 있지만 다른 사람도 고통을 받는다고 생각하면 이타주의자가 될 수도 있다는 거지. 즉, 다른 사람의 고통이 우리의 고통이고, 우리의 고뇌가 다른 사람의 고뇌라고 생각하자는 거야.”

인수는 새로운 사실을 발견했다는 듯 소리칩니다.

“아, 그럼 고통이 꼭 그렇게 나쁜 것만은 아니네요. 다른 사람에 대해 생각해 볼 수 있는 좋은 점도 있는 거잖아요.”

“그렇지. 나의 고통과 타인의 고통은 세상을 바라보는 눈을 열어 주는 셈이야. 사람들은 삶에서 생긴 모든 허무함을 같이 느낄 때 사람 사이에 올바른 관계를 만들 수 있단다.”

– 《쇼펜하우어가 들려주는 의지 이야기》 중에서

생각 쓰기

그의 의지는 방향을 바꾸어서, 더 이상 현상 속에 반영된 자신의 고유한 존재를 긍정하지 않고, 그것을 부정한다. ……그는 다른 이를 자기 자신처럼 사랑하고 마치 자신을 대하듯이 그들을 위해서 행위하는 것에 만족하지 않는다. 대신 그는 자신 속에서 자신의 고유한 현상의 표현으로서의 존재, 삶에 대한 의지, 비통한 것으로 인식된 세계의 모든 핵과 본질에 대해 혐오하기 시작한다.

이것은 의지의 부정과는 아주 거리가 먼, 강력한 삶의 긍정 현상이라고 볼 수 있다. (……) 자살하는 사람은 삶을 원한다. 어찌 보면, 그는 단순히 그의 삶에 놓여진 조건들에 만족하지 못하는 것일 뿐이다.

– 쇼펜하우어, 《의지와 표상으로서의 세계》 참고

생각 쓰기

1 인식

인식은 곧 인간 외부의 객관적 사물이 인간의 의식에 나타나는 과정과 그 결과물이라고 할 수 있다. 이러한 '앎'을 주제로 한 인식론은 인식 과정과 그 조건에 대해 탐구하는 학문이다.

2 동정심

다른 사람의 처지나 상태를 안타깝게 여기는 마음으로 이러한 동정심이 생겨나는 바탕은 공감, 동감이라고 할 수 있다. 쇼펜하우어는 인간의 고유한 고통에 대한 경험으로부터 타인의 고통에 대해 인식할 수 있고 감응함으로써 표현되는 것이 바로 동정심이라고 보았다. 결국 동정심, 공감은 타인에 대한 이해의 기반이 된다.

3 금욕

어떤 목표를 세우고 스스로의 행위를 내부로부터 규제하고 통괄하는 것으로, 자신의 욕구나 충동에 의해 행위하지 않고 이성에 의해 그러한 욕구를 억제하는 것을 말한다. 쇼펜하우어는 금욕을 통해 해탈에 도달할 수 있다고 보았다.

아비투어 철학 논술

예시 답안

case 1 쇼펜하우어는 일찍부터 어머니나 누이와의 외적인 관계에 벗어나 있었지만 그럼에도 이들과 활발히 편지를 교환했다. 그가 보낸 서신들과 그가 남긴 글을 통해 어린 시절 쇼펜하우어의 경험이 앞으로 그의 철학에 어떠한 영향을 미쳤는지를 알 수 있다.

쇼펜하우어는 '삶은 불쾌한 것이다. 나는 이러한 인생에 대해 사색하며 보내기로 마음먹었다' 라는 내용의 편지를 친구에게 보낸 적이 있다. 젊은 쇼펜하우어에게 이런 판단과 계획을 하도록 동기를 부여한 것은 무엇이었을까?

제시글을 살펴보면 쇼펜하우어가 매우 불행한 소년기를 겪었다는 것을 알 수 있고, 이를 불교와의 만남으로 극복하고자 했다는 것을 알 수 있다. 쇼펜하우어는 풍부한 감수성으로 행복하지 못했던 소년기에 겪은 아버지의 죽음과 냉정한 어머니, 친구의 죽음 등으로 인해 삶이 주는 고통에 감응했다. 또한 이러한 고통에 대한 그의 감응은 부처의 삶과 자신의 삶을 비교함으로써 극적으로 강화되었다.

아마도 부모와의 따뜻하고 정감 어린 깊은 관계가 불확실한 상황에 처한 그를 지탱할 수 있는 확고한 지점으로 작용했다면, 이러한 고통의 느낌에 대해 방어할 수 있었을지도 모르겠다. 쇼펜하우어는 자신의 경험과 그 경험을 바탕으로 세상을 바라보는 시각을 마련했고, 우리는 이것을 흔히 염세주의라고 부르고 있다.

삶의 어떠한 면을 볼 것인가 하는 문제는 삶을 대하는 태도의 문제이지만, 쇼펜하우어는 철학사에 중요한 자리를 차지하는 수준으로 이 논의를 확장시켜 나갔다.

인간은 쾌락과 고통을 모두 느끼는 존재이다. 그런데 쾌락을 추구하는 인간의 욕망은 끝이 없고, 이러한 쾌락이 충족되는 순간에는 만족하지만 또 다른 욕망 때문에 고통스럽다. 뿐만 아니라 쾌락과 고통이 공존할 때 인간은 쾌락보다 고통을 더 강력하게 느낀다. 따라서 우리의 삶은 쾌락이 아닌 고통으로 가득 찬 삶인 것이다.

이러한 쇼펜하우어의 주장에 대해 여러분은 동의할 수 있는가? 고통과 쾌락이 삶의 양면이라면 왜 굳이 고통에만 주목해야 할까? 또한 정신적인 것이 주는 쾌락은 신체적인 쾌락보다 더 길고 강력하다는 말은 사실인가?

주변 사람들을 보면 물질적으로는 충족되지 않았더라도 정신적으로 충만하고 행복을 느끼며 살아가는 사람들을 볼 수 있다. 또한 자신의 신체를 보존하고 충족시키는 것만이 아니라, 다른 사람의 고통을 경감시키고 다른 사람의 행복을 위해 살아가는 사람들도 볼 수 있다.

인간이 본질적으로 자신의 쾌락을 추구할 수밖에 없는 존재라는 것은 인간의 본성이 이기적이라고 보기 때문이다. 만약 인간은 타고나길 도덕적인 존재여서 타인을 배려하고 이타성을 가지고 있는 존재라고 한다면 우리의 삶이 끊임없는 욕구 불만과 고통에 둘러싸여 있는 것은 아니라고 할 수 있다. 또한 고통 자체가 주는 의미를 찾아볼 수 있을 것이다. 고통을 통해 오히려 삶의 의미를 찾아 나가는 경우를 생각해 보자.

case 1

쇼펜하우어는 세계를 '사실적으로 주어진 것'으로 인정하면서도 세계가 실제적으로 현존한다는 것은 항상 세계에 대한 자신의 접근이 매개됨으로써만 가능하다는 것을 주장한다. 즉, 세계의 참된 모습 그 자체를 직접 알 수 있는 것이 아니라 오로지 감각 기관을 매개로 하여 세계의 모습을 간접적으로 알 수 있다고 한다.

인간은 몸을 갖고 세계를 살아가는 존재이고 따라서 인간의 몸, 신체는 세계와 자아를 매개한다. 그렇다면 우리는 세계 그 자체에 대해 어떠한 주장도 할 수 없다. 인간은 오로지 나에게 그렇게 나타나는 것으로, 즉 표상의 내용으로서의 세계에 대해서만 말할 뿐이다.

case 2

칸트나 쇼펜하우어는 인간의 인식 주관을 넘어서 알 수 없는 세계의 본질에 대해 말했다는 것에서 공통점을 발견할 수 있다. 그런데 쇼펜하우어는 칸트가 세계의 본질로 남겨 놓은 '물자체' 대신 맹목적 의지를 남겨 놓았다. 즉 세계의 본질을 알기 위해서는 인간의 내면을 들여다봐야 한다는 것이다. 인간을 지배하는 것은 결국 차가운 오성이 아니라 의지의 충동이며, 그것은 우주 속에서도 마찬가지로 작용한다.

사실 쇼펜하우어는 칸트 철학을 비판함으로써 자신의 철학을 시작하고 있다. 칸트는 그의 저서 《순수이성비판》에서 세계에 대해 우리가 알 수 있는 것과 알 수 없는 것의 영역을 구분했다.

인간은 주관의 능력, 선천적인 오성 능력을 통해 경험적으로 주어진 재료(질료)들을 틀 지우고 형식화함으로써 세계를 인식하지만 사실 물자체, 세계의 본질에 대해서는 알 수 없는 존재이다.

마치 태어날 때부터 파란 안경을 쓰고 태어난 사람이 온통 파란색으로 세계를 인식하듯 인식 주관의 한계를 벗어날 수 없는 것이 오성 능력의 한계이다. 그러나 자유 의지를 갖는 인간의 이성은 이러한 오성의 한계를 넘어 세계의 본질에 대해 알려고 한다. '신은 존재하는가?' 같은 인간의 오성 능력으로는 알 수 없는 영역까지 말이다.

결국 칸트는 인간이 알 수 없는 세계의 본질로 물자체를 남겨 놓았고, 쇼펜하우어는 맹목적 의지를 남겨 놓았다. 즉 세계의 본질을 알기 위해서는 인간의 내면을 들여다봐야 한다는 것이다.

인간을 지배하는 것은 결국 차가운 오성이 아니라 의지의 충동이며 그것은 우주 속에서도 마찬가지로 작용한다. 표면에서 보면 세계는 우리의 오성이 파악할 수 있는 표상이며 이 표상 속에서 모든 현상은 인과 관계의 법칙 속에 이루어지지만 세계의 핵심에서 보면 오성이 더 이상 파악할 수 없는 거대한 의지가 움직이고 있는 것이다. 이 의지는 맹목적이며 이 의지에 추종하는 인간의 삶도 맹목적이기 때문에 결국 삶이란 살 만한 가치가 없는 것이다.

이러한 쇼펜하우어의 주장과 그 근거에 대해 여러분은 어떻게 생각하는가? 인간의 삶은 맹목적인 의지의 지배를 받는 것인가? 만약 그렇다고 하더라고 결국 예술이든, 해탈이든 극복될 수 있는 것이라면 의지의 지배를 받는 것이 그렇게 비극적인 것인가를 물을 수 있을 것이다.

case 1

쇼펜하우어는 이성 중심 이전의 철학자들과 달리 실제로 인간은 삶에의 의지에 지배를 받는 존재라고 말하고 있다. 이때 삶에의 의지란 살고자 하는 충동으로 이것이 신체에 표현될 때 욕망으로 나타난다. 식욕, 수면욕, 성욕 등 인간의 모든 욕망이 실제로는 이러한 의지의 표현이라는 것이다.

이러한 욕망은 존재를 유지하고자 하는 맹목적인 충동으로 이성적으로 제약되는 것이 아니다. 이성이 작동할 수 있는 것도 그에 앞서 이러한 맹목적인 의지가 작동해야만 한다는 데서 이성보다 의지가 우선한다고 할 수 있다.

의지는 동물적 생명체인 인간으로 하여금 삶을 창조하고 보존하게 한다. 그러나 이렇게 되면 인간은 실제로 자유롭지 않은 존재가 되고 만다. 그러므로 쇼펜하우어의 말대로 맹목적인 의지의 지배를 받는 인간에게 실제로 자유의지란 것이 있는가 하는 물음이 제기되는 것이다.

case 2

이는 우리가 자유롭게 어떤 판단을 하고 행위를 하는 것 같지만 실제로는 보이지 않는 삶에의 의지에 의한 것임을 말하고 있다. 일상에서 어떤 선택을 할 때 당장은 선택의 기회가 있고 그 선택을 하는 자유가 우리에게 있는 것 같지만 근본적으로는 이성에 의해 내가 판단하고 있는 것이 아니라는 말이다.

예를 들어 점심 식사를 할 때 무엇을 먹느냐는 내가 선택하는 문제이지만 점심을 먹게끔 하는 욕망 자체를 부정할 수는 없고, 결국 그 욕망이 나에게 어떤 선택에 이르도록 만들고 있다는 것이다.

우리가 결혼을 하고 아기를 낳는 것 역시 나의 선택 문제인 것 같지만 실제로 인간은 무의식적으로 자연의 보편적인 과정에 맞추어 자신의 의무를 완수할 뿐이다. 즉 신체는 번식에 대한 자신의 욕구를 따라가는 것이고, 한 세대에서 다음 세대로 삶에 대한 의지는 이어진다는 말이다. 이는 우리가 자유롭게 어떤 판단을 하고 행위를 하는 것 같지만 실제로는 보이지 않는 삶에의 의지에 의한 것임을 말하고 있다. 일상에서 어떤 선택을 할 때 당장은 선택의 기회가 있고 그 선택을 하는 자유가 우리에게 있는 것 같지만 근본적으로는 이성에 의해 내가 판단하고 있는 것이 아니라는 말이다.

우리가 결혼을 하고 아기를 낳는 것 역시 나의 선택의 문제인 것 같지만 실제로 인간은 무의식적으로 자연의 보편적인 과정에 맞추어 자신의 의무를 완수할 뿐이다. 즉 신체는 번식에 대한 자신의 욕구를 따라가는 것이고, 한 세대에서 다음 세대로 삶에 대한 의지는 이어진다는 말이다.

case 3 과연 인간은 이렇듯 끊임없이 살고자 하는 욕망에 지배받으며, 만족될 수 없는 현실에 고통받으며 살아야 하는 존재인가? 쇼펜하우어에 따르면 우리의 운명은 죽을 날을 받아 놓은 사형수와 다를 바가 없다. 감옥 밖에 있다는 사실만 다를 뿐 항상 사형 집행이 유예된 사형수와 같은 처지라는 것이다.

그렇다면 오히려 우리에게 필요한 것은 반쯤 물이 찬 컵을 보며 '반밖에 없다'고 하는 염세주의보다는 '반이나 남았다'라는 낙천주의적 사고가 아닐까? 또한 우리의 운명을 한탄하고 있을 것이 아니라 삶에서의 즐거움을 찾아야 하는 것이 아닐까?

결국 그 즐거움은 또 다른 고통으로 대치된다고 하더라도 즐거움 자체를 포기하고 살아가는 것이 어리석다고 말할 수도 있을 것이다. 고통이 의미 없는 것이 아니라 삶의 중요한 측면을 깨닫게 하고 동기 부여를 하는 것이라고 생각한다면 고통이 나쁜 것만은 아닐 것이다.

주 제 탐 구 04 강 예술 작품은 단지 진정제일 뿐이다

case 1 아름다운 그림을 보거나 음악을 들을 때 우리는 어떤 생각을 의식적으로 할 필요 없이 마음으로부터 전해 오는 달콤함을 느낄 수 있다. 세상을 살다 보면 고통과 번뇌가 생기지만 예술 작품을 접할 때 우리는 이를 잠시 잊을 수 있다.

쇼펜하우어는 예술을 창작하거나 감상하는 순간에 인간은 현실적인 고뇌로부터 해방된다고 보았다. 현실적인 고뇌란 의지의 심부름꾼인 자아에 얽매이는 데 있으며 의지를 관망하고 인식하며 표현하는 것은 이런 얽매임에서 벗어남을 말하는 것이기 때문이다.

그런 점에서 쇼펜하우어는 우리가 미라고 부르는 것은 의지의 심연으로부터 해방되는 관찰을 가능하게 해 주는 대상이며 예술적인 천재는 이러한 관찰을 보다 완전하게 수행할 수 있는 사람이라고 말하고 있다.

예술품은 창조적인 천재와 감상자 사이에 서서 우리의 지성을 의지로부터 해방시켜 주는 역할을 한다. 이때 인간은 시·공간적이고 사회적인 모든 연관을 벗어난다. 예술은 세계의 본질을 파악하는 인식 방법이며 인과율이나 의지와 무관한 관찰 방법이다.

본능적인 욕망은 예술 속에서 미적 가치를 갖는 순수한 직관적인 대상이 될 수도 있다. 말하자면 개체의 원리를 벗어나는 것이다. 시·공간의 제한 및 인과율의 지배를 벗어나는 것이다. '모든 예술 작품은 삶과 사물의 참된 상태를 우리에게 보여 주려는 노력 즉 삶이란 무엇인가에 대한 해답이다.'

case 2 쇼펜하우어는 예술을 창작하거나 감상하는 순간에 인간은 현실적인 고뇌로부터 해방된다고 본다. 현실적인 고뇌란 의지의 심부름꾼인 자아에 얽매이는 데 있으며 의지를 관망하고 인식하며 표현하는 것은 이런 얽매임에서 벗어남을 말하는 것이기 때문이다.

그러므로 이런 예술적인 해탈은 일종의 심리적인 해탈이며, 수면 상태와 같은 일시적인 것이다. 왜냐하면 고뇌의 근원인 의지라는 존재가 아직 인간의 본질 속에 남아 있고 인간의 오성은 다시 필연적으로 의지의 심부름꾼 역할을 하게 될 것이기 때문이다.

예술적인 해탈의 순간이란 쇠사슬을 잠깐 잊고 먼 산을 바라보거나 아름다운 추억 속에 빠져 있는 노예와 같으며 적으로부터 도망하여 숨어 있는 무사와 같다. 모든 순간에 다시 적에게 발견될 수밖에 없다. 즉 예술 감상을 통해 삶의 고통을 벗어나는 것은 일시적일 뿐이지 진정한 해결책이라고 볼 수 없다.

case 1 쇼펜하우어는 자신과 타인 속에 있는 똑같은 본질에 대하여 인식함으로써 타인이 자신에게 어떠한 고통도 부가해서는 안 된다는 소망뿐만 아니라, 자신의 잘못으로 고통이 발생할지라도 오로지 타인의 고통을 경감시키고자 하는 열망이 일어난다고 주장한다. 다시 말해, 나 자신과 주위 사람들은 모두 의지의 지배를 받는 고통에 찬 존재들이고, 내가 원하지 않는 고통을 타인에게도 부가해서는 안 된다는 열망이 일어난다는 것이다.

이러한 열망은 쇼펜하우어에게 있어서 사랑이며, 고유한 고통에 대한 경험으로부터 나온 타인의 고통에 대한 공감이다. 사랑은 일종의 감응이며 이러한 표현이 바로 동정심이다. 연민은 타인의 개성을 포괄하고 받아들이게 한다. 자신의 고유한 아픔을 느끼고, 자신과 타인 모두 하나의 의지에 굴복하고 있다는 것을 알며, 동정심 속에서 타인의 고통을 나누고 이러한 과정을 통해 존재한다는 것 자체가 고통이라는 것을 깨닫게 한다.

《쇼펜하우어가 들려주는 의지 이야기》에서 처음 인수가 매미의 다리를 잡아 뜯을 때는 매미의 고통을 몰랐지만 자신의 다리가 다쳤을 때 매미에게 미안한 마음을 가졌던 대목을 떠올려 보자. 삶 자체가 고통이라면 고통에서 자유로울 수 있는 존재는 없을 것이다. 자신의 고통을 타인의 고통과 공감하는 것, 그 고통에 감응하고 동정심을 느끼는 데서 우리가 다 함께 살아갈 수 있는 길이 나오는 것이다. 진정으로 쇼펜하우어는 사람들이 도덕적인 삶을 살아가길 원했다고 할 수 있다.

쇼펜하우어는 세계란 결코 합리적으로 되어 있지 않으며 '비합리적이고 맹목적인 의지' 일 뿐이라고 말했다. 의지란 곧 충동과 욕망을 의미한다. 즉, 식물이 자라고 돌이 중력의 법칙에 따라 아래로 떨어지고, 동물이 살기 위해 투쟁하는 것, 이 모든 것은 합리적인 법칙에 따라 이루어지는 것이 아니라, '의지' 에 따라 맹목적으로 이루어진다는 것이다.

세상의 모든 것들은 자신의 충동과 욕망을 채우기 위해 노력하지만 이 충동과 욕망은 결코 충족될 수 없다. 의지(욕망)는 곧 우리와 세계의 본질이기에 이것을 채우고 또 채워도 욕망은 여전히 발생하기 때문이다. 그리고 우리는 영원히 충족되지 않을 욕망 때문에 고통을 받게 되는 것이다. 따라서 그는 '삶은 맹목적인 의지일 뿐이며 인생살이는 결국 고통일 뿐' 이라고 결론 내린다.

이렇게 본다면 고통스러운 삶을 극복하는 길은 의지를 억압하는 것인데, 의지를 억압하면 삶을 살아가고자 하는 의욕을 억압하는 결과를 낳게 된다. 살아가고자 하는 의욕을 억압한다는 것은 결국 자살에 이르는 길이다. 그러나 이것은 삶의 제거이지, 자살의 충동인 의지 그 자체의 제거는 아니다.

만약 자살이 인간의 자유를 보여 주는 것이라 생각한다면, 이것은 완전히 그릇된 것이다. 왜냐하면 이러한 행위를 통해 제거될 육체는 시간과 공간의 인과성의 규정 내에 있어서, 필연성의 작용에 의해 지배를 받기 때문이다. 따라서 자살자는 필연적으로 조건 지워진 생명체로서 행위할 뿐이지 자유로운 인간으로서 행위하는 것이 아니다. 자살은 의지를 극복하는 것이 아니라 단지 의지에 굴복한 결과일 뿐이다. 그렇다면 자살을 통해서도 극복할 수 없는 삶의 고통에서 우리는 벗어날 길이 없는 것인가?

그러나 다행히도, 세상 만물 중에 오직 인간만은 이 고통에서 벗어날 방법을 알고 있다. 그것은 자신의 의지(욕구)에 무작정 따라가지 않고, 이를 억제해야 한다고 욕망할 수 있다는 것이다. 따라서 우리가 삶의 고통으로부터 벗어나려면 우리의 욕구에 반하여 철저한 금욕 생활을 해야 한다. 오직 이를 통해서만 '바다와 같이 고요한' 영혼의 행복에 도달할 수 있다.

철학자가 들려주는 철학이야기 039

복희씨가 들려주는 주역 이야기

저자_**김광식**

서울대학교 철학과에서 학사·석사 과정을 마치고 독일 베를린 자유대학교 철학과에서 박사 과정을 마쳤다. 저서로는《사회철학대계 4: 기술시대와 사회철학》(공저)이 있고, 역서로는《흄 — 나는 존재하지 않는다》,《마르크스 정치경제학의 변증법적 방법 I, II》(공역),《철학대사전》(공역) 등이 있으며, 논문으로는〈본질과 현상의 범주를 통해 본 인식들 사이의 모순의 문제〉,〈사이버네틱스와 철학〉 등이 있다. 서양철학과 동양철학을 비교하는 데 많은 관심을 가지고 있다.

01강 주역 사상이 아직도 타당한가?

case 1 다음의 제시문을 읽고 주역 사상이 오늘날에도 타당한지에 대하여 호주제와 관련하여 논술하시오.

㉮ '주역'은 주(周)나라 시대의 역이라는 뜻입니다. 주나라(……) 문왕과 그의 아들 주공이 《주역》의 괘사와 효사를 지었다고 전해집니다. 그래서 '주역'이라는 이름이 생겨난 것입니다. 《주역》의 '역(易)'은 '변화한다', '바뀐다'라는 뜻을 갖고 있는 한자어입니다. 이 세상의 모든 것이 끊임없이 변화한다는 뜻입니다.(……)

《주역》의 기본 원리는 음과 양이다. 세상의 모든 것은 음이나 양에 속한다고 본다. 가장 기본적인 단위인 음효와 양효가 조합되어 8괘가 되고 8괘끼리 조합되어 64괘가 된다. 《주역》은 이 64괘의 조합으로 모든 것을 표현하고 설명할 수 있다고 보았다.

– 《복희씨가 들려주는 주역 이야기》 중에서

㉯ 어떤 사회든 처음 생겨나서 점점 발전하여 절정에 이르렀다가 보편적인 가치에서 멀어져 쇠퇴하기 시작하여 마침내 망하는 것이 당연한 이치이지만, 쇠퇴기에 접어든 낡은 사회도 보편적인 가치와 시대에 맞게 다시 새롭게 만들 수 있다고 이이는 믿

었어. 이것이 바로 이이가 주장한 경장론이지.

㉰ 호주제도는 인간의 존엄성과 남녀평등이라는 보편적인 가치에 어긋나. 호적제도는 여성이 결혼과 동시에 그 남편의 호적에 입적하도록 하고, 그 자녀를 아버지의 호적에 입적하여 그 성을 사용하도록 하며, 호주의 승계를 철저히 남성 중심적인 순위로 하고, 이혼 가정의 자녀를 아버지 호적에 올려놓음으로써 가정 선택의 자유를 침해하지.

게다가 호주제도는 미혼모 권리를 침해하고, 여성의 정치 참여에 걸림돌이 되며, 사회, 경제적 양성 불평등을 정당화시키고, 남아 선호 사상을 부추겨 성비의 불균형을 가져오고 있어. 한편 호주제도는 일제가 내선 동화를 목적으로 조선의 가족제도를 일본 천황제의 하부구조로 만들기 위해 그들의 호주제를 강제적으로 이식시켜 우리의 관습과 전통을 왜곡한 것이기도 하단다.

㉱ "아버지가 돌아가시자, 어머니와 나이 많은 할머니를 제치고 젖먹이 남동생이 호주가 되다니 이것이 말이 되는가?"

그동안 호주제를 폐지하자는 측의 항변의 하나야. 당연히 말이 되지. 실제로 오랜 옛날부터 실천해 온 우리의 전통문화이기 때문이야. 그 오랜 전통을 없애려 하는 것은 말이 안 되지. 호주제는 1천 년 이상의 뿌리를 가진 우리 고유의 전통적 가족 질서로 가족공동체의 결속과 동성불혼 원칙 등을 통해 민족 공동체의 결속을 강화시켜 주는 제도야. 따라서 호주제 폐지는 유구한 가족 전통을 존중하는 관습법에 위배될 뿐만 아니라, 가족의 전통과 미덕을 말살하는, 자신의 뿌리를 스스로 부정하는 행위란다.

1 호주제

　호주는 민법상 집안의 가장으로서 가족을 대표하는 사람을 뜻하며 호주제란 민법상에 있어 '호주'를 중심으로 가족을 구성하는 제도를 칭한다. 즉 부계 혈통을 바탕으로 하여 호적이 편제되어 그 부계의 친족까지를 통칭한다. 그 절차법으로 호적법이 있다.

　바꾸어 말하자면 국민을 개개인으로 관리하지 않고 가족을 단위로 하여 통합 기록하는 것이 호주제도이다. 과거에는 가족 승계와 유지의 의미까지 인식되고 있었으나, 법률 개정으로 인해 2008년부터 사라질 계획이다.

2 음양 사상

　음양은 그늘 음(陰) 볕 양(陽)이란 뜻을 가진 한자어로 음인 그늘과 양인 볕, 양인 해와 음인 달로 설명되며 겨울과 여름, 남과 북, 음극과 양극 등 천지의 상반된 성질을 음과 양으로 칭한다. 즉 삼라만상 속 사물의 현상을 음과 양이라는 두 개의 기호에 모든 사물을 대입해 넣을 수 있다고 본다. 음양이란 우주(태극)에서 분리되어 나누어진 최초의 두 기운이라고 보았다.

가 　건괘 여섯 개의 효는 하나의 사건이 전개되는 과정을 잘 보여 주고 있습니다. 그 가운데 가장 어려운 처지를 상징하는 효는 3효와 4효입니다. 3·4효는 내괘(아래의 괘)가 끝나고 외괘(위의 괘)가 시작되는 전환기이며 둘 다 중용의 덕을 얻지 못했기 때문입니다. 그런데 4효보다도 3효가 더 어려운 상황입니다. 3효는 양효로 양의 위치에 처해 있어 양이 겹쳐지기 때문에 양의 성질이 지나치게 강합니다. '지나치게 강하면 꺾인다' 는 것이 《주역》의 기본 입장입니다. 이와 같이 위태로운 상황에 처한 점자는 어떻게 해야 할까요?

　"건괘 세 번째 효는, 군자가 종일토록 끊임없이 애를 써서 노력하고, 저녁이 되어도 자신이 잘못하지 않았을까 두려워하면 위태로운 상황에 처해 있으나 큰 허물은 없을 것이다."

　아무리 어려운 상황에 처한다고 해도 최선을 다하여 스스로 끊임없이 노력하고, 생각과 말과 행동이 잘못될까 경계하고 두려워하고 근심하고 삼가면 위기가 극복될 수 있다는 것입니다. 그러므로《주역》에는 절대적인 길도 흉도 없습니다. 아무리 길한 상황이 온다고 해도 도덕적으로 타락하고 자만하면 흉이 되고 아무리 흉한 괘나 효를 얻었어도 자신의 도덕적이고 주체적인 노력에 의하여 극복될 수 있다는 것입니다.

– 《복희씨가 들려주는 주역 이야기》 중에서

내 요즘 한창 중국의 동북 공정 이야기가 세상을 시끄럽게 하고 있다. 동북 공정이란 동북 변경 지역의 역사와 상태에 대한 연구라는 뜻으로, 중국은 고조선부터 부여, 고구려, 발해까지 한강 이북의 고대사가 모두 중국 역사라는 주장을 펴고 있다.

우리나라의 입장에서 보자면 이념으로도 반이 갈린 데다가 역사적으로까지 남과 북이 갈릴 판이니 가만두고 볼 일이 아니다.

더 중요한 것은 중국의 동북 공정 움직임이 역사 문제로만 그치지 않는다는 점이다. 중국이 백두산을 개발하고 세계 유산으로 등재할 것을 추진하는 것 모두 동북 공정의 일환으로서 만약의 사태를 대비해 백두산의 영유권을 확보하기 위한 조치라는 것이다. 여기서 우리가 주목해야 할 것은 중국의 동북 공정이 단순히 역사의 문제가 아니며 중국의 중화 민족주의 차원에서 오래전부터 진행돼 온 전략이라는 점이다.

한국과 중국은 이미 2004년 8월, 역사 문제로 인한 한·중 우호 협력 관계 손상을 방지하고, 고구려사 문제의 공정한 해결을 도모하기로 합의한 바 있다. 그러나 그러한 합의가 무색하게도 한국 정부는 중국의 역사 왜곡에 대해 적절한 대응을 하지 못하고 있다. 중국의 동북 공정이 국제적으로도 큰 이슈 없이 기정사실화된다면 문제는 더 커진다. 정부 차원의 발 빠른 대응이 시급하다.

다 연기법을 바로 깨닫는 것은 쉽지 않습니다. 많은 선한 업을 쌓아야 합니다. 그래서 우리는 선행을 하고 기도를 합니다. 선한 업을 쌓아 궁극적으로는 연기법을 깨달아 대자유의 해탈로 가는 아주 쉬운 길이 바로《불경》을 봉독하고 기도하며 그 가르침대로 따라 사는 길입니다.

대부분의 불자들은 사회생활도 해야 하고 가정생활도 영위해야 하기 때문에 전심전력으로 연기법을 깨닫는 일에 몰두할 수 없습니다. 그래서 바닷물처럼 무한한 공덕을 지닌 관세음보살의 도움을 필요로 합니다. 바닷물은 한량이 없어서 아무리 퍼서 써도 줄지 않습니다. 관세음보살의 공덕이 바로 이와 같습니다. 우리가《불경》의 가르침에 따라 지극하게 관세음보살에게 도움을 구하면 관세음보살님의 도움으로 수행 정진의 길을 갈 수 있습니다. 그러나 여러분들은 세속의 생활을 하면서 살아야 하니까 관세음보살님의 도움에 기대어야 되는 것입니다. 거듭 말씀드리지만 우리들에게《불경》만큼 멋진 선행의 길잡이가 없습니다.

생각 쓰기

1 동북 공정

　동북 공정이란 '동북변강역사여현상계열연구공정(東北邊疆歷史與現狀系列研究工程)' 을 줄여서 부르는 말로, '동북 변경 지방의 역사와 현 상태에 대한 연구' 라는 뜻이다. 우리는 동북 공정을 고구려사 왜곡이라고 이해하고 있지만, 구체적인 내용을 들여다보면 고구려사만의 문제가 아닌 훨씬 광범위하며 역사보다는 영토가 본질이라는 게 확연히 드러난다. '동북 공정' 이라는 말 자체가 지역적, 영토적 개념이다.

2 업

　'업' 이라는 말은 산스크리트어 karma를 번역한 것으로 '완수하다, 만들다, 하다' 등의 뜻을 지닌다.

　'업' 은 선한 행위에는 좋은 결과가 따라오고, 악한 행위에는 나쁜 결과가 따라온다는 인과의 법칙을 기본으로 하며, 선(善)을 행하고 비록 작은 악(惡)이라 할지라도 행하여서는 안 된다고 말한다.

　일반적으로 업은 세 가지로 나뉘며 이를 삼업이라 한다. 먼저 살생하고, 훔치는 등의 육체로 짓는 것을 신업(身業)이라 하고, 거짓말하고, 이간시키고, 악한 말을 하는 등의 언어로 짓는 것을 구업(口業)이라 하며, 욕심내고, 성내는 등 마음으로 짓는 행위를 의업(意業)이라 한다.

3 윤회

불교 교리 가운데 하나이다. 중생이 죽은 뒤 그 업에 따라서 또 다른 세계에 여섯 번을 태어나고 죽기를 반복한다고 하여 육도윤회라 한다.

육도는 지옥도, 아귀도, 축생도, 아수라도, 인도, 천도로 나뉘어 이곳 중 한곳을 인간이 현세에서 저지른 업에 따라 죽은 뒤에 다시 내세를 누리며, 다시 그 내세에 사는 동안 저지른 업에 따라 내세에 태어나는 윤회를 반복한다는 것이다. 불교의 윤회관으로 이 윤회는 스스로 현세에서 행하고 지은 대로 받는다는 것에 기초를 둔다. 착한 일을 했으면 복된 생을 살고, 악한 일을 했으면 악한 결과를 받는 자기 책임하에 있어서 자기가 지은 바를 회피할 수도 없고 누가 대신 받을 수도 없는 것이다.

새로운 세계를 창조할 수 있는 자율적인 의지와 실천이 강조되는 윤회는 윤리 도덕적인 측면으로 권선징악적인 차원에서 특히 강조되어 왔다.

4 해탈

불교에서 인간의 영혼이 윤회의 속박으로부터 벗어나는 것을 의미한다. 영혼이 일단 육체 속에 들어간 뒤에는 해탈을 이루는 완전함이나 깨달음에 도달할 때까지 윤회를 계속한다. 해탈을 추구하거나 얻는 방법은 학파마다 서로 다르지만 대부분의 학파가 해탈을 인생 최고의 목표로 간주한다.

03_강 전설의 빌 게이츠, 복희씨

case 1 다음 제시문들을 읽고 주역의 현재적 의미에 대해 컴퓨터와 관련하여 논술하시오.

㉮ 《주역》에서 제시하는 논리, 윤리는 무엇일까요? 그것은 '음양의 법칙'이다. 《주역》〈계사전〉 5장에서 '한 번은 음적인 방향으로 운동하고 한 번은 양적인 방향으로 운동해 나가는 것이 모든 사물이 변화해 나가는 길이며, 이 길을 이어받는 것이 선이다'라고 말합니다. 어두운 밤이 지나가면 환한 낮이 오고 낮이 지나면 다시 밤이 오는 것처럼 순환적으로 발전해 나가는 것이 모든 사물들이 변화해 나가는 '길', 즉 세계의 보편적인 운동 법칙이라는 것입니다. 그리고 이 법칙을 따라서 살아가는 것이 사람이 가야 할 올바른 길이라는 것입니다.

　이러한 생각은 《주역》이 만들어질 때부터 있었습니다. 《주역》이라고 하는 책은 글자가 아니라, 8개의 괘에서부터 시작되었습니다. 그런데 괘는 —와 · · , 즉 양효와 음효라고 하는 기호가 3개씩 조합하여 구성됩니다. 양효와 음효는 《주역》을 이루는 기초적 요소입니다. 그러므로 음효와 양효가 가지고 있는 의미이야말로 《주역》 철학의 기본이 되는 것입니다.

　그렇다면 음양은 무엇인가? 음양은 《주역》에서 '대대(對待) 관계'를 나타내는 것으로 사용됩니다. '대대'란 '서로 마주하며 기다린다'라는 의미로서 지금은 일상어로 사용하지는 않으나 조선시대의 문집에서는 자주 발견되는 용어입니다. 이 말은 우리가 보통 사용하는 '반대', '대립', '모순' 등과 비슷하지만 근본적으로 다릅니다. 양과 음은 본래 '산기슭에서 햇빛이 비추는 곳과 그늘진 곳'을 가리키는 문자입니다. 여기에서 우리가 주목해야 할 점은 빛과 그림자의 관계입니다. 그림자가 있는 반대편에는 반드시 빛이 있고 빛이 있는 반대편에는 반드시 그림자가 있습니다. 이것은 음이라는 개념에는 이미 양이 들어 있고, 양이라는 개념에는 이미 음이 들어 있다는 점을 알려 줍니다. 그러므로 두 개의 개념 가운데 하나가 없어지면 다른 하나도 사라지는 것입니다.(……)

그러므로 대대 관계에 있는 존재는 경우에 따라 서로 적대적 관계에 있는 것처럼 보일지라도 상대방을 부정할 수가 없습니다. 상대방의 부정은 곧 자신의 부정이기 때문입니다.

– 《복희씨가 들려주는 주역 이야기》 중에서

㉯ 음과 양은 원초적이고 역동적인 두 상태를 말하며, 음양이 서로 전환된다는 과정을 통해 도가 모습을 드러낸다. 주역(周易)에서 조각난 획(‐‐)으로 상징되는 음은 여성적이며 에너지를 수용하는 쪽을 말하며, 조각나지 않은 획(—)으로 상징되는 양은 남성적이며 에너지를 분출하는 쪽을 말한다. (……) 주역에 나오는 64종의 6획괘, 즉 6선형(六扇形)은 3선형(三扇形) 두 개가 모여 이루어진 것, 혹은 2선형 세 개가 모여 이루어진 것으로 생각할 수 있다. 음효나 양효 세 개가 모여 이루어진 것으로 생각할 수 있

다. 음효나 양효 세 개가 모이면 모두 여덟 종의 조합이 가능하다. 3선형 두 개가 모이면 8의 제곱, 즉 64종의 조합이 가능하다.

– 관련 기출 문제: [2006] 경희대학교 수시 2 논술 고사 제시문 참고

다 컴퓨터의 기본 원리는 전기신호이다. 연결 상태와 연결되지 않은 상태를 기본 요소로 한다. 모든 숫자와 문자는 이 두 가지 요소들의 조합으로 나타낼 수 있다. 조합의 방식은 직렬 방식과 병렬 방식이 있다. 이러한 조합은 연결 상태를 1, 연결되지 않은 상태를 0이라고 놓으면 2진법이 된다. 즉 컴퓨터의 원리가 2진법으로 되어 있다는 것이 드러난 셈이다. 컴퓨터는 이러한 2진법으로 신호들을 연결하여 명령을 읽어 내고 계산하여 결과를 출력하는 방식으로 작업한다.

라 우리가 일상생활에서 쓰는 수는 0에서 9까지의 10가지 종류의 숫자로 수를 나타내는 십진법이다. 이진법은 0과 1이라는 두 종류의 숫자로 수를 나타내는 방식이다. 십진법의 1은 이진법에서는 1, 십진법의 2는 이진법에서는 10, 십진법의 3은 이진법에서는 11…… 등이다. 이진법은 현대 컴퓨터의 기본 원리이다. 컴퓨터에서 이진법을 채택한 이유는 전기 신호의 연결과 끊어짐이라는 기본 요소와 잘 맞아떨어져서 이진법을 전기 신호로 바꾸고 전기 신호를 이진법으로 바꾸는 상호 전환이 쉽기 때문이다. 이는 수학과 전자공학이 만날 수 있는 이유가 된다.

생각 쓰기

이진법

2를 밑수로 하고 2개의 서로 다른 기호(0과 1)만을 사용하는 위치적 수 체계를 말한다. '켜다—끄다', '열다—닫다', '간다—가지 않는다' 와 같이 두 가지 상태나 쌍안정(雙安定) 성질을 갖고 있는 계의 표현이 편리하기 때문에 정보 이론과 컴퓨터 공학에 중요하다. 중국의 《주역》을 살펴보면 컴퓨터의 이진법 체계와 아주 똑같은 논리가 등장한다. 그것이 바로 음양이라는 것이다. 즉 《주역》의 음양 이론이 컴퓨터의 이진법과 매우 닮아 있다. 동양의 고전과 서양의 첨단이 비슷한 면이 존재한다는 것은 재미있는 일면이기도 하다.

04 _강 동성애의 적, 《주역》?

case 1 다음 제시문들을 바탕으로 동성애 문제와 관련하여 주역의 음양설을 비판하
시오.

㉮ 주역의 팔괘 구성에 대해 알아보자.

건(乾: ☰) · 태(兌: ☱) · 이(離: ☲) · 진(震: ☳) · 손(巽: ☴) · 감(坎: ☵) · 간(艮: ☶) · 곤(坤: ☷)
을 말한다.

괘(卦)는 걸어 놓는다는 괘(掛)와 통하여, 천지만물의 형상을 걸어 놓아 사람에게 보인
다는 뜻을 의미한다. 그 구성은 음효(陰爻, --)와 양효(陽爻, ─)를 2대 1, 내지 1대 2 등의 비
율로 셋이 되게 짝을 지어 이뤄졌다. 《사기》의 〈삼황기(三皇紀)〉에서 팔괘는 중국 최고
의 제왕 복희가 천문 지리를 관찰해서 만들었다고 쓰여 있다. 뒤에 이 괘 두 개씩을 겹쳐
중괘(重卦) 육십사괘(六十四卦)를 만들어 사람의 길흉 · 화복을 점치게 된 것이다.

㉯ 동성애는 이성에 대한 성적 관심은 거의 없거나 매우 희박한 사람을 가리킨다.
남성의 동성애는 우라니즘 또는 게이, 여성의 경우는 사피즘(sapphism) 또는 사포가 태
어난 레즈비언이라고도 한다.

동성애자의 권리 운동이 정치적 쟁점이 된 것은 20세기 후반부터이다. 미국 정신의

학협회는 동성애를 정신질환의 일종으로 간주하다가 1973년 정신질환의 목록에서 삭제하였다. 또 1993년 미국 국립암연구소는 x염색체에서 개인의 성적 취향을 결정짓는 데 영향을 주는 유전자를 찾아냈다. 이와 같은 일련의 일들로 인하여 동성애는 생물학적 다양성의 하나로 용인받게 되어 네덜란드·벨기에 등 몇몇 국가에서는 동성 간의 결혼이 합법화되었다.

다 고대 그리스의 철학자 플라톤은, '인간은 원래 남녀 한 몸이었으나 신이 이를 둘로 분리한 이래 그 각각은 이전에 한 몸이었던 상대를 열심히 찾고 몸을 합함으로써 원초의 상태를 복원하려고 한다'고 했다. 이는 양성적인 인간이야말로 완전하고 이상적인 인간상이라고 할 수 있는데, 실제 그리스의 조각 등에는 유방과 페니스를 함께 가진 모습이 많이 나타난다.

라 반음양이란 남녀추니를 말하는 것으로 진성 반음양과 가성 반음양이 있다. 가성 반음양은 남성·여성 가성 반음양으로 나누며 진성 반음양은 한 개체의 체내에 남녀 양성을 합한 난소나 고환이 있다. 그 이외의 성기 부분도 양성인 것이 있는 것을 말한다. 가성 반음양은 생식선 이외의 성기(특히 외음부)가 그 개체의 생식선과 일치하지 않은 형태를 나타내는 것을 말한다.

생각 쓰기

성염색체

성염색체는 X, Y로 나타낸다. 사람에게는 모두 23쌍의 염색체가 있는데 그중 1쌍의 염색체가 성염색체이다. 여성은 2개의 X염색체를 가진 개체인 (XX)이다. 남성은 X염색체 하나와 Y염색체 하나를 가진 개체로 (XY)이다. X염색체는 상염색체와 비슷하여 한쪽은 길고 다른 한쪽 부위는 짧으며, Y염색체는 한쪽이 길고 반대쪽은 아주 짧게 되어 있다.

남성 또는 여성의 성 결정은 세포가 분열하여 생식세포를 만드는 과정인 감수분열 단계에서 결정되는데, 배우자, 즉 생식세포는 정상 세포의 절반에 해당하는 염색체를 가지고 있다. 감수분열 중에는 남자의 XY 성염색체가 분리되어 X 또는 Y가 배우자에게 전달된다. 그 결과 배우자(정자)의 절반은 X염색체를 갖게 되고 나머지 절반은 Y염색체를 가진다. 여성은 2개의 X염색체를 가지고 있어 모든 난자는 1개의 X염색체를 운반하게 된다. 난자가 X염색체를 가진 정자와 수정되면 여성(XX)이 되고, Y를 가진 정자와 수정하면 남성(XY)이 된다.

05강 악처의 변명

case 1 다음 제시문들을 읽고 세상에 악이 있는 이유를 《주역》을 바탕으로 설명하시오.

㉮ 하나님이 노아에게 이르길 한 쌍씩만 배에 실어라 하셨다. 그래서 선뿐만 아니라 악도 실을 수밖에 없었다.

㉯ 소크라테스의 아내는 아내로서 남편의 말과 행동을 전혀 이해하고 존중하지 않았다. 항상 상스러운 말로 욕하는 등 남편을 경멸하여, 악처의 대명사가 되었다.

어느 날 소크라테스의 아내는 그에게 호통을 치고 물벼락을 안기며 "그것 봐! 천둥이 온 뒤에는 항상 소나기가 쏟아지는 법이야" 하고 시치미를 떼었다고 한다.

생각 쓰기

현모양처와 악처

예부터 동양에서는 여성이 남성에 순종하는 것을 미덕으로 삼았다. 남성 지배 사회에서 당연한 일이었다. 남성들은 여성들에 대한 자신들의 지배를 쉽게 하기 위해 순종을 윤리적인 덕목으로 격상시켰다. 현모양처가 대접을 받는 사회에서 악처의 존재는 찬밥 신세일 수밖에 없으며, 칠거지악이라는 무서운 법으로 악처들을 다스렸다. 악처들은 제거되어야 할 대상으로 여겨진 것이다. 그러나 《주역》의 정신에 따르면, 악처가 없으면 현모양처도 있을 수 없다. 악처와 현모양처는 공생의 관계에 있다.

아비투어 철학 논술

예시 답안

case 1 호주제는 남자 어른이 집안의 주인이 되는 제도이다. 이것은 남성과 여성의 엄격한 구분을 바탕에 깔고 있다. 남성과 여성의 엄격한 구분은 남성의 역할과 여성의 역할을 면밀히 구분 지었으며, 남성의 지배적인 힘은 그러한 구분을 권력적 종속 관계로 변화시켰다. 남성은 여성을 지배하고 여성은 남성에 순종하는 관계를 제도로 만든 것이 호주제이다.

남성과 여성의 엄격한 구분의 사상적 뿌리는 《주역》에 있다. 《주역》에 따르면 아주 단순한 요소들이 단순한 법칙을 따라 거듭 조합됨으로써 복잡한 현상을 낳는다. 모든 복잡한 현상의 궁극적 뿌리는 가장 단순한 두 가지 요소인 양효와 음효에 있다. 양도 아니고 음도 아닌 것이 존재하지 않는다는 사고방식은 양을 남성적인 것으로, 음을 여성적인 것으로 해석함으로써 남성과 여성을 엄격히 구분한다.

이러한 구분 자체는 중립적인 것으로 보이지만 이 구분이 이루어진 맥락을 보면 전혀 중립적이지 않다는 것을 알 수 있다. 남성이 지배하는 사회에서 남성과 여성의 엄격한 구분은 남성과 여성의 차별을 낳는다.

호주제의 모든 부조리한 것들이 주역에서 비롯되었다고는 생각하지 않지만 적어도 호주제의 남녀 차별주의의 사상적 뿌리는 주역에서 찾을 수 있다. 하지만 주역 사상의 핵심은 음과 양을 구분하는 데 있는 것이 아니라 모든 것이 변한다는 것에 있다. 호주제도 남녀평등의 시대에 맞게 변해야 한다. 그것이야말로 호주제 자신의 철학적 뿌리인 주역의 사상에 맞는 일이다.

case 1 동북 공정은 중국이 과거의 고구려 세계와 발해 세계의 역사를 자의적으로 바꿈으로써 현재와 미래 세계를 바꾸려는 프로젝트이다. 그것은 현재에서 과거를 가상적으로 바꿔 현재 세계와 미래 세계를 바꾸려는 계획이다. 이 프로젝트의 바탕에는 정해져 있는 미래도 바뀔 수 있다는 주역 사상이 깔려 있다. 아무런 대응 없이 보고만 있다가는 우리의 미래 세계가 바뀔 판이다. 하지만 어떤 대응책이 있을까?

《주역》으로 공격을 하면《주역》에 맞설 만한 무기를 찾아야 한다. 우리는《불경》에서 찾을 수 있다. 불교에서는 과거와 현재에 쌓는 업이 미래를 바꿀 수 있다고 한다. 윤회의 쳇바퀴 속으로 들어갈 운명에 있는 사람이 모든 집착과 욕망으로부터 벗어나 업을 쌓으면 정해진 미래의 운명은 바뀔 수 있다. 윤회의 굴레에서 벗어나 해탈의 세계로 들어갈 수 있다. 우리도 그들이 만들고 있는 가상의 고구려 세계와 발해 세계로 들어가서 그들이 자의적으로 바꾸는 사실들을 다시 바로잡는 옳은 업을 쌓음으로써 그들이 바꾸려는 현재와 미래 세계의 역사 왜곡의 순환 고리를 끊고 우리의 현재와 미래 세계를 해방시키는 것이다.《주역》에는《불경》으로 대응할 수 있다.

case 1 주역 사상의 핵심은 첫째 모든 것은 변한다는 것, 둘째 모든 변하는 것은 하나의 보편적인 법칙을 따른다는 것, 셋째 그 보편적인 법칙은 아주 단순한 법칙이 거듭되면서 복잡한 현상을 만들어 내는 프랙털의 구조를 가지고 있다는 것이다.

바로 이 세 번째 특징이야말로 수십 세기나 앞선 컴퓨터의 조상을 만나게 해 준다. 엄밀한 의미에서 최초의 컴퓨터는 2차 세계대전 중에 군사용 목적으로 만든 컴퓨터가 아니다. 0과 1이라는 단 두 개의 단순한 단위를 조합함으로써 수많은 경우들을 만들어 내는 이진법이야말로 컴퓨터의 조상이다.

주역의 프랙털 구조는 긴 막대기 모양의 양효와 짧은 막대기 두 개 모양의 음효라는 가장 기본적인 두 가지 요소에서부터 출발한다. 그 두 가지 요소가 서로 조합되면서 8개의 괘를 만들고 그 괘들은 2개씩 겹쳐져서 64개의 괘를 만든다. 이 괘들로 세상에 일어날 모든 경우를 만들어 낼 수 있다. 그야말로 만능 슈퍼 기계이다. 이 거대한 프로그램을 짠 사람이 복희씨라면, 그는 전설의 빌 게이츠임이 분명하다.

case 1 《주역》은 동성애를 반대하는 이성애 근본주의자들의 바이블bible이다. 유교를 믿는 사람들이 동성애를 목숨을 걸고 반대하는 이유가 여기에 있다.

그 체계의 기본 단위가 되는 두 요소는 음효와 양효이다. 그사이에는 남성도 여성도 아닌 어떤 중간 성도 들어갈 자리가 없다. 세상을 남성과 여성이라는 딱 두 가지로 구분하고 일절 다른 중간 성들을 용납하지 않는다. 둘째 그 음효와 양효가 조합된 8개의 기본 괘는 음효와 양효가 1대 2 또는 2대 1의 비율로 조합되어 있다. 이런 홀수 개의 구조는 어떤 괘도 음이거나 양일 수밖에 없게 만든다. 이 기본 괘로 만들어 내는 세상 또한 음과 양으로 구분될 수밖에 없다. 주역의 이러한 구조가 유교 문화권에 속하는 세상을 남성 아니면 여성으로 갈라놓은 것이다. 이러한 이분법은 얼핏 보면 동성애에 대해 중립적인 것 같지만, 이런 사고에 의해 다름이 차별이 되고, 다름이 비정상으로 되는 것은 시간문제이다.

case 1　세상을 낡을 《주역》이라는 그물을 엮는 씨줄과 날줄은 음과 양이다. 음과 양은 그림자와 빛의 관계이다. 빛이 없으면 그림자가 있을 수 없고 그림자나 어둠이 없으면 빛이 있을 수 없다. 선과 악도 마찬가지이다. 선이 없으면 악이 있을 수 없고, 악이 없으면 선이 있을 수 없다. 이것은 선이라는 것에 이미 악이라는 것이 그 배경으로 전제되어 있으며, 악이라는 것에 이미 선이라는 것이 그 배경으로 전제되어 있다는 것이다.

맹자는 선이 먼저 있고 악은 뒤에 나타난다고 했다. 먼저 선한 본성을 타고나고 그 선한 본성을 잘 기르지 못하면 악이 나타난다고 보았다. 맹자는 본래의 선한 모습을 가정함으로써 그곳으로 돌아가야 한다는 회귀적 전략을 사용했다. '너는 원래 착했으니 다시 착해질 수 있다'는 논리는 매우 설득력 있는 논리이다. 하지만 맹자는 선이라는 개념이 존재하기 위해서는 처음부터 악이라는 개념을 배경으로 전제해야 한다는 사실을 몰랐거나 일부러 무시했다. 처음부터 선과 악이 쌍둥이처럼 같이 있었다고 하면 악을 없애고 선만 남겨야 한다는 논리가 설득력이 없게 될 것이기 때문이다.

하지만 주역 사상은 지극히 논리적인 사상이다. 한 치의 논리적인 맹점도 허용하지 않는다. 그런 주역이 윤리적인 의도로 선만 살리고 악을 없애는 논리적인 오류를 허용할 리가 없다. 여기에 주역 사상의 위대함이 있다. 윤리도 논리 위에 설 때만 설득력이 있다.

철학자가 들려주는 철학이야기 040

토크빌이 들려주는 민주주의 이야기

저자_**소병일**

고려대학교 철학과 대학원 박사 과정을 수료했으며, 중앙유웨이 논구술 특강 논술 전문위원으로, 현 동덕여대 '발표와 토론' 강사로 재직 중이다.

01_강 민주주의 제도의 장·단점

case 1 민주주의 사회는 언론의 자유를 보장한다. 제시문 **㉮**를 참조하여 **㉯**와 **㉰**를 통해 언론이 민주주의의 발전에 기여하는 것은 무엇이고, 또 어떤 문제점을 가질 수 있는지에 대해 설명하시오.

㉮ 여론을 주도하고 있는 거대 신문들은 여전히 언론 본연의 역할을 저버리고 스스로 권력화되어 무법자처럼 행세하며, 오보를 양산하면서도 부끄러워하지 않고, 과도한 경품을 통해 신문 시장을 계속 어지럽히고 있다.

그러므로, 언론 개혁은 이들 거대 신문들이 신문 시장을 과점하며 여론을 왜곡하는 행태를 바로잡아 언론 시장을 정상화시키는 방향으로 나아가야 하고, 언론사 경영의 투명성을 확보하여 사주의 절대적인 영향력에서 벗어날 수 있는 대책을 마련하여야 한다. 언론의 자유는 무엇보다 소중하지만, 도를 넘어 특권과 횡포를 부릴 자유까지 부여되지는 않는다.

㉯ 언론을 통해서 그 광대한 나라의 방방곡곡에 정치 생활이 영위, 순환되고 있다. 언론의 눈은 언제나 열려 있으며, 정치 음모의 가려진 근원을 탐지해 내고, 모든 정당 지도자들을 차례로 여론의 단상에 불러내는 것이다. 언론은 일정한 원칙 둘레에 지역

사회의 이해관계를 결집시키고, 각 정당의 정강을 간추려 낸다. 왜냐하면 언론은 한 번도 직접 접촉하지 않은 채 서로 의견을 주고받는 사람들 사이에 의사소통의 기회를 제공하기 때문이다. 수많은 언론기관들이 같은 행동 노선을 취할 경우, 그들의 힘은 결국 감당할 수 없는 것으로 되며, 끊임없이 같은 쪽으로부터 공격을 받으면 여론도 궁극적으로 이런 공격에 굴복하는 것이다.

– 토크빌, 《미국의 민주주의》 중에서

다 언론의 자유를 누리는 국민들은 확신뿐만 아니라 자부심 때문에 자신들의 견해에 집착한다. 그들 국민은 자기들의 견해가 정의로운 것이라고 주장하기 때문에, 그리고 그런 견해를 자신의 의지에 따라 택했기 때문에 그런 견해를 아낀다. 그런 견해가 진실이라는 이유 때문만이 아니라, 자기들의 것이라는 이유 때문에 거기에 집착하는 것이다.

– 토크빌, 《미국의 민주주의》 중에서

생각 쓰기

언론 개혁

언론 개혁이란 소수의 언론이 시장을 독점하고 여론을 형성하면서 발생하는 사회적 문제점을 해결하기 위해 제기된 것이다.

민주주의는 한 국가를 구성하는 모든 국민의 뜻을 수렴하여 정치하는 제도이다. 따라서 국민의 입장과 의견을 취합하고 잘못된 정치를 견제할 수 있는 언론의 기능은 민주주의의 발전에 있어서 매우 중요하다. 그런데 토크빌이 지적한 것처럼 민주주의 제도 속에서 언론은 다수의 입장과 자신을 일치시키려는 대중과 편승하여 여론을 조작하고, 지배 권력과 결탁하여 소수의 정치적 입장을 다수의 입장인 것처럼 선전할 수 있는 도구로 전락할 위험이 있다. 언론 개혁은 이러한 언론의 부정적인 기능을 억제하기 위해 제기된 것이라고 할 수 있다. 언론 개혁은 현실적으로 주체 세력이 누구냐에 따라 그 본래의 의도와 다른 방향으로 전개될 수 있기 때문에, 그 주체와 이것을 실행하는 절차와 과정에 대한 논의들이 다양하게 충돌할 수밖에 없다.

㉮ 나는 펜실베이니아 사람들에게 다음과 같이 이야기한 적이 있다.

"퀘이커 교도들이 세우고, 관용의 정신으로 유명한 이 주에서 해방된 흑인들이 시민으로서 자신의 권리 행사를 인정받지 못하는 이유를 설명해 주십시오. 그들이 세금을 내는 한 투표할 수 있는 권리가 있는 것 아닙니까?"

그는 다음과 같이 답했다.

"우리 입법가들이 그런 불공정하고 편협한 법안을 수용한다고 생각하면서 우리를 모욕하지 마시오."

"그러면 당신과 함께 흑인도 투표할 권리가 있습니까?"

"확실히 있습니다."

"그럼 오늘 아침 선거를 하러 온 사람들 중에서 단 한 명의 흑인도 보지 못한 것은 어떻게 된 것입니까?"

"그건 법의 실수가 아닙니다. 흑인이 선거에 참여할 권리가 있는 것은 사실이지만, 그들이 자발적으로 나타나기를 꺼리고 있기 때문입니다."

"그건 그들의 유별난 겸손이군요."

"흑인들은 선거를 하러 가는 일을 달가워하지 않아서가 아니라, 자신들이 냉대를 받을까 두려워합니다. 우리에게는 때때로 법이 주류의 지지를 받지 못할 때에 그 권위가 부족해지는 일이 일어나지요. 지금 주류는 흑인들에 대한 최고로 강렬한 편견으로 꽉 차 있어요. 그리고 치안 판사들은 입법자들이 흑인에게 부여한 권리를 보장하는 데 충분한 공감도 없고요."

"그렇다면 그것은 법을 만드는 특권을 갖고 있는 주류가 법을 위반할 특권까지도 갖겠다는 것입니까?"

– 토크빌, 《미국의 민주주의》 중에서

(나) 민주정치의 요체는 다수가 절대적으로 우세하다는 데 있다. 민주국가에서 다수에게 저항할 수 있는 것은 아무것도 없다. (중략)

다수의 도덕적인 힘은 또 다른 원칙에 기초하고 있다. 그 원칙은 다수의 이해관계가 소수의 이해관계보다는 우대되어야 한다는 것이다. 더 많은 권리에 대해 여기에서 공언되는 존경심은 여러 당파의 상황에 따라서 당연히 늘기도 줄기도 하리라는 것은 쉽사리 알 수 있을 것이다. 국민이 몇 개의 화해 불가능한 커다란 이해 집단으로 갈릴 경우, 다수의 특권은 흔히 무시된다. 그 이유는 그 요구에 응하는 일이 참을 수 없는 것이 되기 때문이다. (중략)

다수도 집단적으로 보면 한 개인에 지나지 않는 것으로써, 흔히 그 의견 및 이해관계는 소수라고 볼 수 있는 다른 개인의 의견 및 이해관계와 상치하는 것이다. 만일 절대 권력을 가진 사람이 그 권력을 악용해서 반대 입장의 사람들을 못살게 굴 수 있다는 사실이 인정된다면 다수도 같은 비난을 받을 가능성이 왜 없다고 하겠는가? (중략) 나는 나와 동동한 인간 누구에게도 모든 짓을 할 수 있는 권력을 줄 수 없다. 또한 나는 그런 사람들이 어느 만큼의 수가 되더라도 그런 권력을 절대로 부여하지 않을 것이다.

– 토크빌, 《미국의 민주주의》 중에서

생각 쓰기

귀족정치에서 권력 상층부에 위치한 부유한 사람들은 오직 권력만을 추구한다. 민
주정치에서 정치가들은 가난하며 재산을 쌓아야 한다. 요컨대 귀족정치에서 지도자
들은 그다지 부패할 필요가 없고 돈에 대한 욕망이 크지 않은 반면에, 민주정치의 경
우는 정반대이다. 귀족정치에서 권력의 정상에 이르려는 사람들은 상당한 재산을 소
유하고 있고, 또한 그들이 드러나는 데 도움을 줄 수 있는 사람들의 수가 비교적 적기
때문에, 정권은 경매에 붙여진다고 할 수 있다. 그 반대로 민주정치에서는 권력을 탐
하는 사람들은 별로 재산을 가지고 있지 않고 권력을 부여하는 사람들의 수는 엄청나
다. 민주정치에서는 돈을 주고 매수할 사람들은 많지만 돈을 낼 사람들은 별로 없다.
게다가 한꺼번에 많은 사람들을 매수해야 하므로 그런 노력도 쓸데없다.

귀족정치를 이끄는 사람들이 국민을 부패시키려 한다면 민주정치의 지도자들은 그
들 스스로 부패한다. 귀족정치는 국민의 윤리에 직접 공격을 가하고, 민주정치는 훨씬
더 가공할 만한 간접적인 힘을 가한다.

민주국가의 지도자들은 거의 언제나 수치스런 행동을 한다는 혐의를 받기 때문에
가능한 한 자신들에게 비난이 돌아올 만한 비열한 행위를 정권으로 감싼다. 이렇게
해서 그들은 위험한 선례들을 만드는데, 그런 일들은 의연한 저항을 짓누르고 사악한
음모를 권력으로 치장한다.

생각 쓰기

귀족정치

귀족정치란 혈통 또는 문벌·교양·재산 등을 이유로 특권을 인정받은 소수자가 지배하는 정치체제이다.

귀족제는 엄밀한 의미에서 세습적(世襲的)·신분적(身分的) 특권 계층에 의한 지배를 뜻하지만, 넓은 뜻으로는 지배자의 수직 측면에서 볼 때 군주제와 민주제에 대하여 소수가 지배하는 정치체제를 뜻하기도 한다.

미국독립혁명과 프랑스혁명 등의 시민혁명을 겪으면서 근대사회가 자유와 평등을 정치 이념으로 삼게 되자 이론적 근거를 잃었으나, 귀족정치가 가진 정치적 안정성은 여전히 많은 사람들에게 그 가치를 인정받았다.

토크빌의 경우, 민주주의가 발전하는 것은 평등한 조건의 확산에 따라 당연한 것이라고 보았다. 그런데 그는 이러한 평등이 국민들의 정신과 삶을 발전시키는 긍정적인 측면도 있지만, 다수의 의견이나 언론의 힘에 의해 체제 순응적인 수동적인 인간을 만들어 낼 수 있다는 점을 우려한다. 그래서 그는 귀족정치가 아닌 귀족의 고결한 정신을 평등 속에서도 잃지 않아야 한다고 주장한다.

02강 개인주의

case **1** 다음 제시문을 읽고 개인주의와 이기심의 차이점과 공통점을 서술하고, 개인주의가 어떻게 사회에 악영향을 끼칠 수 있는지에 대해 논술하시오.

평등한 시대에는 모든 사람들이 자기 자신의 의견을 추구한다. 자신의 감정은 모두 자기 자신만을 향해 있다. 개인주의란 새로운 생각들이 탄생시킨 새로운 표현이다. 우리 조상들은 이기주의(이기심)에만 익숙해 있다.

이기심은 열정적이고 과장된 자기애이며 그것은 모든 사람으로 하여금 모든 것을 자기에게 연관시키고, 또 세상 무엇보다 자기를 중요시하게 여기도록 한다. 개인주의는 성숙하고도 평온한 감정으로, 사회의 각 구성원들이 자기를 동료라는 덩어리에서 분리시키고, 가족과 친구들에게서 떨어져 나와 자신만의 작은 원을 형성하도록 만든다. 그리고 사회는 전체로 보고 그 자체로 남겨 둔다. 이기주의는 맹목적인 본능에 근거한다. 그러나 개인주의는 부패된 감정에서가 아니라 잘못된 판단에서 출발한다. 그것은 외고집만큼 정신적 결핍에서 기원한다.

이기심은 모든 미덕의 씨앗을 파괴한다. 그러나 개인주의는 처음에는 공공 생활의 덕성을 좀먹다가 마침내는 다른 모든 것을 공격, 파괴하며 최후에는 이기주의로 전락한다. 이기심은 이 세계만큼 오래된 악이며, 어떤 형태의 사회에도 존재해 왔다. 그러

나 개인주의는 민주주의를 그 기원으로 하고 있으며, 그것은 사회의 평등화에 비례해
서 확산되고 있다.

– 토크빌, 《미국의 민주주의》 (2004 경희대 정시 참조)

생각 쓰기

주 요 개 념 및 배 경 지 식

개인주의

개인주의는 개인의 자유에 높은 가치를 두는 정치, 사회 철학적 입장을 말한다. 이러한 입장은 근대사회 민주주의의 발전과 더불어 발전하였는데, 대개 자발적이며 독립적이고, 상대적으로 구속받지 않는 개인 또는 자아를 강조한다. 개인주의는 모든 가치가 인간 중심적이라고 보며, 개인은 그 자체로 목적이라고 보고, 타인을 위한 수단이 아니라는 것을 전제로 하고 있다.

토크빌의 경우, 개인주의를 극단적이지 않은 이기심 정도로 보고 있으며, 이기심처럼 사회에 해악을 끼칠 수 있다는 입장을 취한다.

03 강 자유와 평등

사람들은 평등하고 평범한 동일한 조건의 수준에 더욱 가깝게 접근할수록 특정 개인 또는 특정 계급을 절대적으로 신뢰하는 일은 적어진다. 반면에 대중을 신뢰하는 마음이 증가할수록 여론은 세계를 제패하는 여왕처럼 고고해진다. 여론이야말로 민주사회의 시민에게서 개인적인 판단에 도움을 주는 유일한 안내자일 뿐만 아니라, 다른 사회에서 여론이 갖는 영향력보다 훨씬 큰 영향력을 갖는다. 평등의 시대에 인간은 공통적인 유사성을 갖기 때문에 대중의 판단을 거의 절대적으로 신뢰한다. 왜냐하면 모든 사람은 태어나면서부터 평등한 판단 능력을 부여받았기 때문에 탁월한 진리란 사람 수가 더 많은 데서 이루어질 것이라고 여긴다.

민주사회에서 평등은 각 시민을 독립시켜 주는 동시에 개개인의 시민을 외롭게 하고, 다수의 영향을 쉽게 받게 만든다. 왜냐하면 대중은 각 시민이 설득을 통하기보다 개인적 지능을 압도하는 전체 의사의 거대한 압력에 의해 대중적 신념을 강제로 수용하게 하기 때문이다.

생각 쓰기

대중

　대중이란 사전적 의미로는 수많은 사람의 무리이다. 그리고 대량 생산, 대량 소비를 하는 현대사회에서 대중이라는 개념은 엘리트와 달리 수동적이고 감정적인 즉 비합리적인 무리를 일컬으며, 나아가 정치적으로도 언론이나 소수의 지배적인 견해에 쉽게 휩쓸리는 사람들을 총칭하는 말이다. 토크빌은 이미 현대사회에서 나타날 수 있는 대중의 문제점을 예리하게 파악하고, 그 이유를 평등이 가지는 부정적인 측면에서 찾았던 것이다.

십자군 전쟁과 영국의 여러 차례에 걸친 내전은 귀족들을 파멸시켰고 그들의 재산을 분산시켰다. 도시 자치제는 봉건 군주의 마음속에 민주주의적 자유를 도입하였으며, 총기의 발명은 전장에서 귀족과 가신을 평등하게 만들었다. 또한 인쇄술은 모든 계급의 사람들에게 똑같은 자질을 불어넣어 주었다. 우편제도는 가난한 자나 고귀한 자를 가리지 않고 지식을 전달해 주었으며, 개신교는 만인이 똑같이 하늘에 이르는 길을 찾을 수 있다고 선포하였다. 그리고 아메리카의 발견은 많은 행운에 이르는 수많은 새로운 길을 열어 주었으며, 이름도 없던 모험가들에게 재산과 권력을 안겨 주었다.

사회 상태에 이중의 혁명이 일어났다. 귀족은 사회적 사다리를 걸어 내려갔고 평민은 올라갔다. 평등 원칙의 점진적인 전개는 섭리이다. 민주주의를 막으려 하는 것은 신의 의지를 거역하는 것이다.

생각 쓰기

정치적 자유는 훨씬 더 쉽게 잃어버릴 수 있다. 그것을 견고하게 유지하기 위한 노력을 게을리 하는 것은, 곧 그것이 사라지도록 내버려 두는 것이 된다. 그래서 인간은 평등이 자기들에게 고귀하기 때문에 매달리는 점도 있지만, 그것이 영원히 지속되리라고 생각하기 때문에 매달리기도 한다.

자유에서 얻어지는 이익은 시간이 경과해야만 나타나기 때문에 그것이 발생하는 근본 원인을 잘못 이해하기 쉽다. 평등에 의한 이익은 즉각적이다. 그래서 이것은 언제나 그 원천에서부터 추적될 수 있다.

정치적 자유는 일정한 수의 시민에게 고양된 기쁨을 주는 일이 자주 있다. 평등은 모든 사람에게 날마다 작은 기쁨을 수없이 부여한다. 평등의 매력은 순간마다 느껴지며, 모든 사람이 누릴 수 있다. (중략) 하지만 인간은 약간의 희생을 감수하지 않고서는 정치적인 자유를 누릴 수 없다. 즉 위대한 노력 없이는 결코 그것을 획득할 수 없다는 것이다. 그러나 평등의 기쁨은 저절로 제공되는 것이며, 일상생활의 사소한 사건에서도 그것을 느낄 수 있게 되고 그것을 누리기 위해서는 생활하는 것 이외에는 아무것도 요구되는 것이 없다.

생각 쓰기

아비투어 철학 논술

예시 답안

case 1 제시문 ㉮는 언론 개혁의 문제에 대해 다루고 있는데, 그만큼 우리 사회에서 소수 언론이 여론을 주도하고, 나아가 막대한 정치적인 영향력을 끼치고 있다는 것을 보여 준다. 그런데 언론은 제시문 ㉯에서 말하는 것처럼 정치 지도자가 정당의 정치 활동을 여론화시킬 수 있는 의사소통의 기능을 가진다. 이러한 기능을 통해 언론은 지도자나 정당 중심의 정치에서 보일 수 있는 독단과 비리를 막을 수 있고, 국민들의 여론을 형성하여 국민의 뜻을 정치에 반영할 수 있다. 그리고 이것이 민주주의를 더욱 발전시킬 수 있는 원동력이 된다. 그러나 언론의 이러한 막강한 기능은 제시문 ㉮가 보여 주듯이 오히려 소수 언론의 횡포와 권력화를 낳을 수 있다. 제시문 ㉯는 이러한 언론의 부정적 기능이 나타날 수 있는 이유를 보여 준다. 국민들이 언론을 과신하여 언론의 생각을 마치 자신의 생각인 것처럼 착각할 수 있고, 이것이 언론의 권력화를 가져올 수 있다는 것이다.

case 2 제시문 ㉮는 흑인이 투표에 참여하지 않은 상황에 대해 이야기하고 있다. 흑인도 분명 투표권이 있는데 투표에 참여하지 않는 이유는, 흑인에 대한 편견으로 인해 그들의 정치 참여를 싫어하는 다수의 주류 세력 때문이다. 이것은 민주사회에서 다수의 횡포가 있을 수 있다는 것을 보여 준다. 제시문 ㉯는 민주정치가 기본적으로 다수결의 원리에 따르고 있다고 보는데, 이 다수의 원리가 소수의 입장을 무시하거나 외면할 수 있다는 것에 대해서도 지적하고 있다.

기본적으로 다수이건 소수이건 고유한 자신의 입장과 견해는 존중되어야 한다. 그러나 민주정치는 이러한 다수결의 원리를 통해 소수를 묵살하는 다수의 횡포를 낳을 수 있다는 문제점을 가지고 있다.

case 3 토크빌은 귀족정치가 부유한 부를 기반으로 한 귀족 중심의 정치이기에 권력만을 추구한다고 보고 있다. 그리고 귀족정치는 소수의 정치이기 때문에 돈이 더 많은 사람이 쉽게 권력을 획득할 수 있다고 본다. 반면 민주정치는 누구나 정치에 참여할 수 있고 권력을 잡을 수 있는 자유가 있기 때문에, 부는 없지만 권력을 잡고자 많은 사람들이 경쟁한다고 보고 있다. 그리고 귀족정치는 자신들이 정치를 독점하기 위해, 즉 국민들을 정치의 문제에서 격리시키고자 국민들을 부패시키려고 한다. 그러나 민주정치는 지도자 스스로가 부패하기 때문에 지도자는 자신의 부패를 정권, 음모를 통해 무마시키려고 한다.

주 제 탐 구 **02** 강 개인주의

case 1 개인주의는 민주주의라는 평등한 시대에 등장한 성숙하고 평온한 감정으로, 사회나 가족, 친구 관계에서 벗어나 자신의 의견이나 감정에 집중하는 태도이다. 반면 이기심은 과도하게 자기 자신만을 생각하고 사랑하는 것으로, 자신만이 중요하다고 여기는 마음이다.

개인주의와 이기심은 나를 생각한다는 점에서는 유사하지만, 개인주의는 맹목적인 본능인 이기심과 달리 사회와 나의 관계를 제대로 판단하지 못해서 생겨난다는 점에서 조금 다르다. 이러한 개인주의는 이기심이 모든 덕성을 해치는 것처럼 사회의 공공성을 해치고 그 사회를 파괴할 수도 있다.

주제 탐구 **03**강 자유와 평등

case 1 평등은 사람들을 동일한 조건 속에서 보게 하고, 이에 따라 특정한 사람이나 계급에 대한 전폭적인 믿음이나 지지가 줄어들게 한다. 대신 자신과 같아 보이는 사람들과 공통적인 의견처럼 보이는 여론을 더 믿게 만든다. 여론은 민주사회에서 사람들이 판단을 이끄는 유일한 수단이 되고, 가장 강력한 영향력을 가지게 된다.

그런데 이러한 상황은 민주사회 각 개인들을 독립적으로 만들어 줌과 동시에 개개인의 영향력을 줄여 다수나 언론에 복종하게 만든다. 따라서 민주사회의 평등은 개인을 자신의 개인적 신념에 따라 판단하고 행위하게 만드는 것이 아니라, 다수나 언론의 지배나 횡포의 위험에 빠뜨리는 부정적인 측면도 가진다고 하겠다.

case 2 민주주의는 평등의 확산 속에서 발전할 수 있었다. 우선 역사적으로 귀족주의의 붕괴와 맞물린 재산의 분배, 도시 자치제는 사람들을 봉건적 질서에서 벗어나게 하였다. 무기의 발달과 인쇄술의 발달, 그리고 우편제도는 귀족이나 평민의 사회적 역할이나 지적 능력 차이를 없애 주었다. 그리고 미국의 발견은 누구나 재산과 권력을 가질 수 있다는 희망을 주었고, 개신교는 누구나 구원받을 수 있는 길을 보장해 주었다. 이러한 제반의 과정이 바로 신분제를 벗어나 정치, 경제, 종교적으로 각 개인이 평등해질 수 있는 조건을 마련해 준 것이며, 이것이 모든 사람이 자신의 사회생활에 관여하는 민주주의의 토대가 된 것이다.

case 3 정치적 자유는 그것을 유지하려고 노력하지 않으면 쉽게 잃어버릴 수 있다. 또한 자유를 통해 얻어지는 이익은 바로 나타나지 않는다. 나아가 자유는 희생을 치를 때에만 획득할 수 있다. 그렇기 때문에 사람들은 계속 노력해서 유지해야 하고, 바로 눈앞의 이익을 보여 주지 못하며 희생을 요구하는 자유를 추구하지 않는다.

반면에 사람들은 평등은 영원히 지속될 것이라고 믿는다. 그리고 평등이 주는 이익은 바로 나타나고, 희생 없이 저절로 얻을 수 있는 것이기 때문에 쉽게 평등에 매달린다.

논술 답안 쓰기

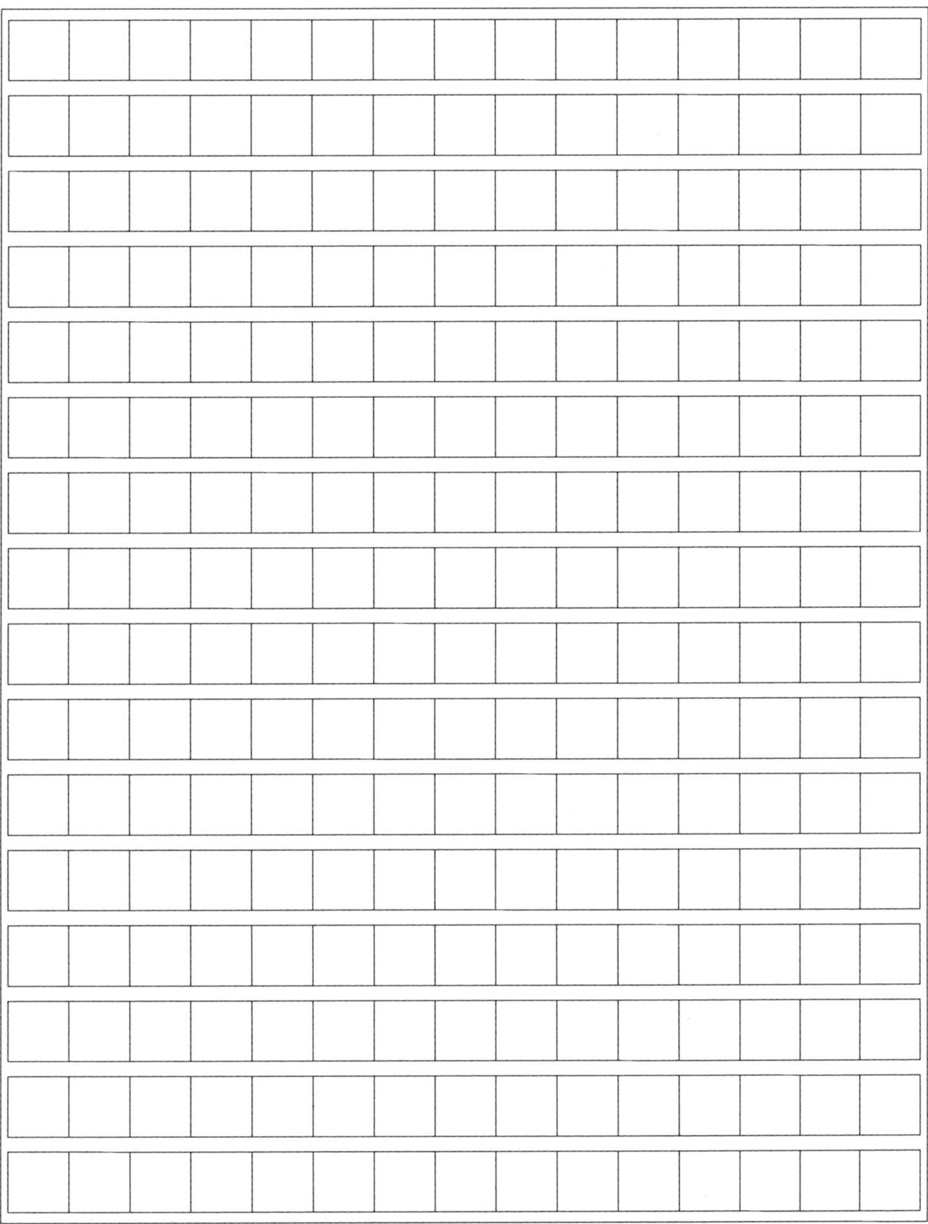

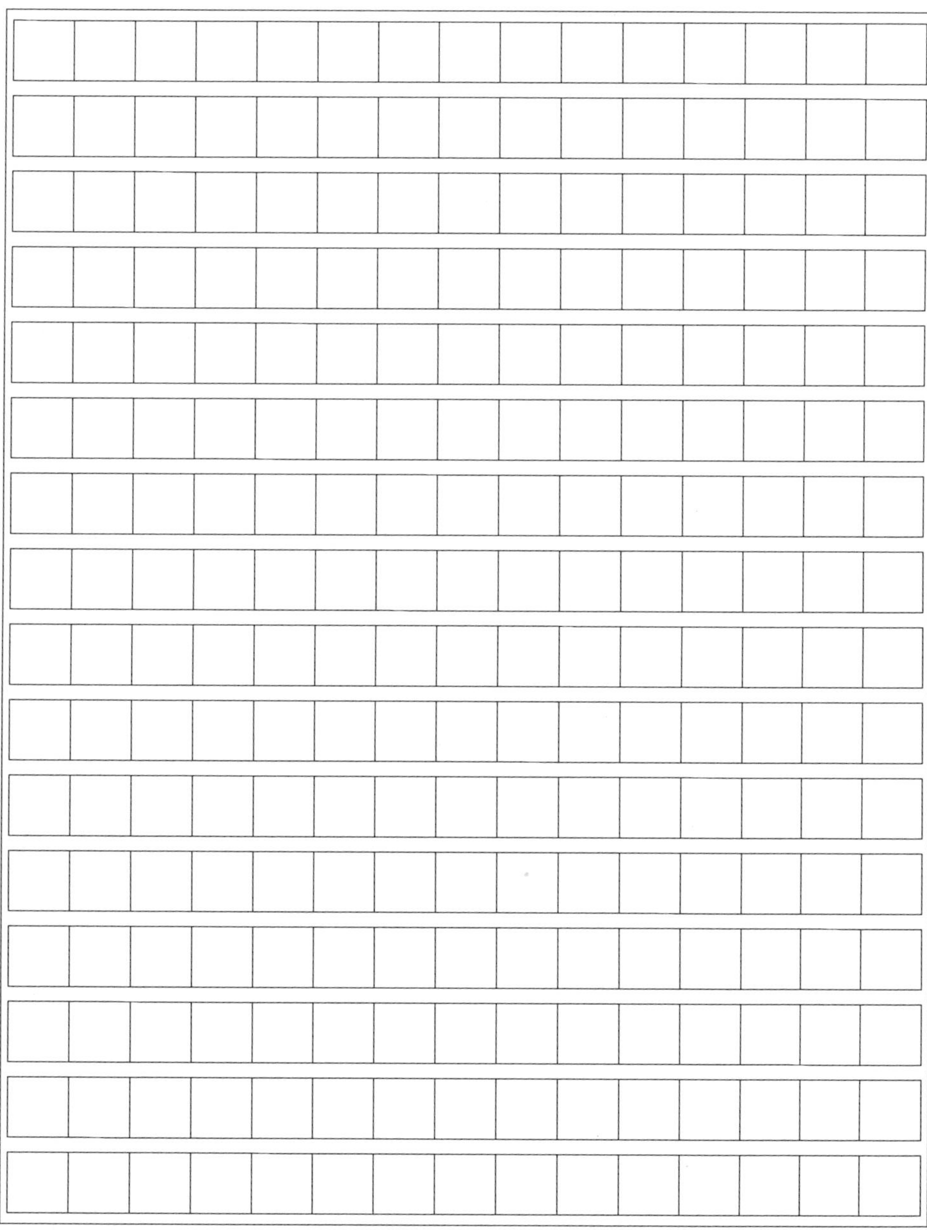

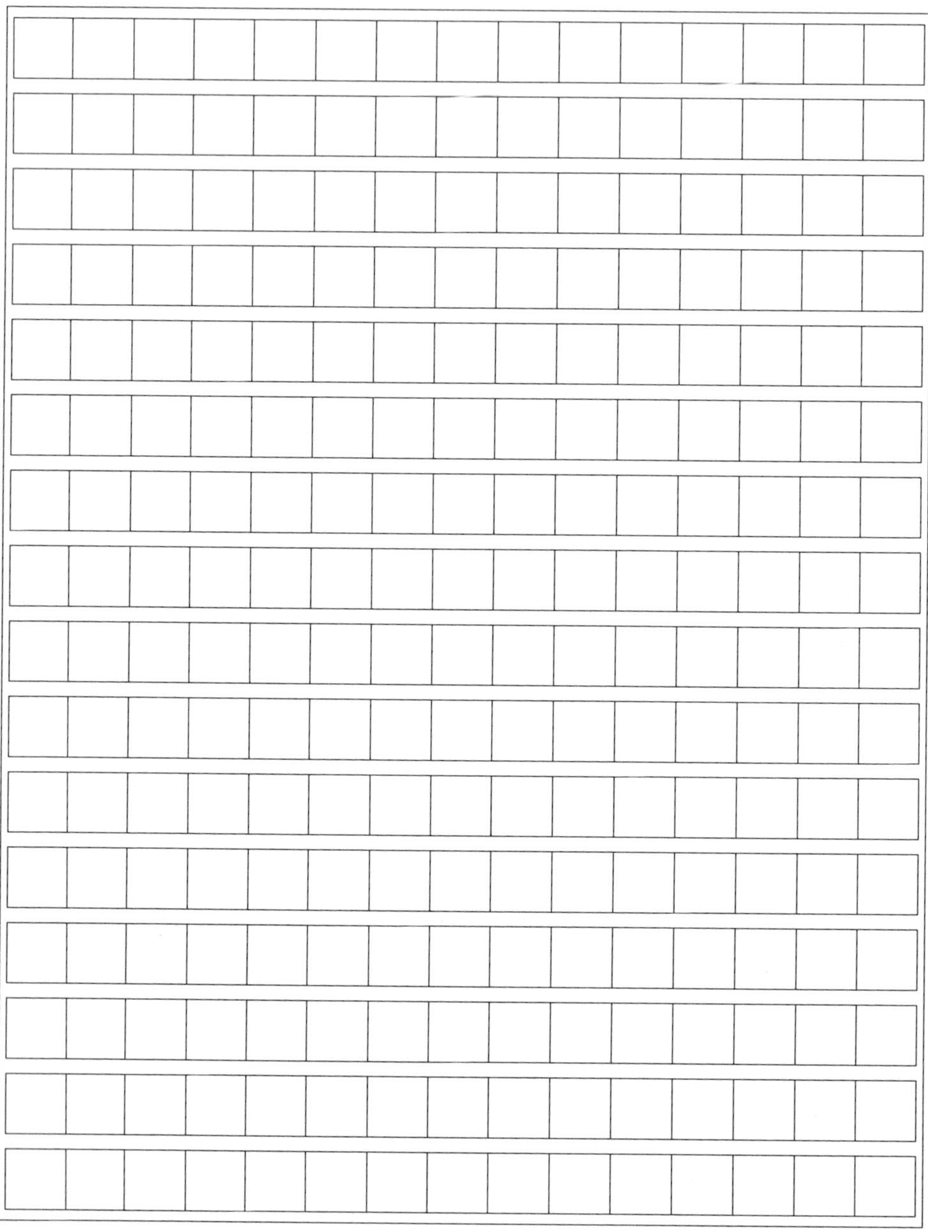

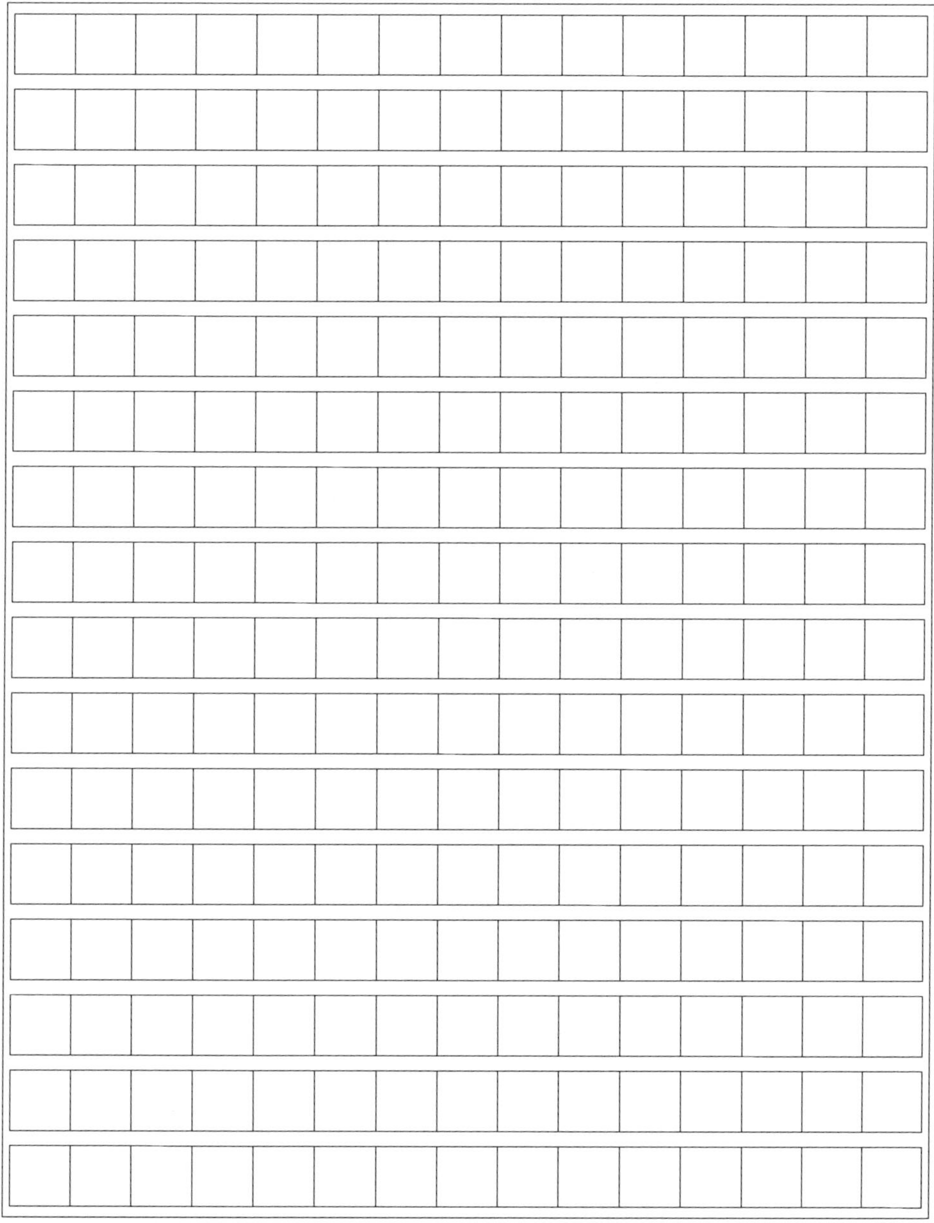